**Les Arabes en France
(8ème, 9ème et 10ème siècles)**

Du même auteur :

+ La colonisation de la Palestine (1835-1914).
Editions Books on Demand, Paris, 2018, 228 p.
(1ère version 2017).

+ La colonisation de l'Orient arabe (1914-1918).
Editions Books on Demand, Paris, 2018, 224 p.

+ Palestine, terre arabe.
Editions Books on Demand, Paris, 2018, 100 p.

SOMMAIRE

Chronologie : (p.5)

Avant-propos : (p.10)

Introduction : (p.12)

Première partie
§
Incursions arabes en France : Aquitaine, Languedoc, Vallée du Rhône, Bourgogne (p.17)
§

Chapitre_0 : Préliminaire (p.18)

Chapitre_1 : Les premières incursions arabes en France (p.26)

Chapitre_2 : Après Poitiers (p.35)

Chapitre_3 : Comportement et administration arabes dans les régions occupées. Echanges commerciaux (p.44)

Chapitre_4 : Populations arabes rescapées suite à la défaite arabe de Poitiers (732) et à la chute de Narbonne (759) (p.48)

Chapitre_5 : Vestiges arabes dans le Languedoc, le Roussillon, la vallée du Rhône et le Vivarais (Ardèche) (p.54)

Deuxième partie
§
Les Arabes en Provence
(fin du 9ème siècle-10ème siècle)
(p.65)
§

Chapitre_6 : Débarquement des Arabes en Provence fin du 9ème S. (p.67)

Chapitre_7 : Expéditions arabes à partir du Fraxinet (p.74)

Chapitre_8 : La Provence, base des expéditions des Arabes vers les Alpes : Italie du nord, Suisse (p.81)

Chapitre_9 : L'expulsion des Arabes de Provence (p.87)

Chapitre_10 : Vestiges arabes en Provence (p.101)

§

Annexe : Mots occitans d'origine arabe (p.117)

Bibliographie : (p.134)

Table des cartes et des illustrations : (p.140)

Table des noms propres : (p.143)

Table des noms de lieux : (p.147)

§

§§§

Chronologie

§§§

710 - Tarif Ibn Malik (sous les ordres de Mouça Ibn Noussayr) débarque en Espagne.
Mouça Ibn Noussayr, gouverneur de l'Ifriqiya, est le premier Emir d'Al-Andalus désigné par Damas, capitale de la dynastie omeyyade (661-750).
L'Ifriqiya comprenait ce qui représente aujourd'hui la Tripolitaine (Ouest de la Libye), la Tunisie et le Constantinois (Est de l'Algérie).

711 - Tariq ibn Ziyyad (sous les ordres du même Mouça Ibn Noussayr) arrive en Espagne.

717 - L'Emir d'Al-Andalus, Al-Horr (nommé par Damas), avance jusqu'à Nîmes en France.

719 - Prise de Narbonne par les Arabes.

721 - Bataille de Toulouse.

725 - Carcassonne et Nîmes sont occupées par l'Emir d'Al-Andalus 'Anbaça (nommé par Damas).

726 - Occupation arabe de la Septimanie (région appelée ainsi parce qu'elle comprenait *sept* villes importantes : Narbonne, Nîmes, Agde, Béziers, Lodève, Carcassonne et Maguelone).
- Avancées vers l'est et le nord : l'Albigeois, le Rouergue, le Gévaudan, le Velay, le Dauphiné, le Lyonnais, la Bourgogne.
- Avancées jusqu'à Sens.

732 - Raids arabes sur Tarbes, Bigorre, Oléron, Bordeaux.
- Bataille de Poitiers.

734 - Les Arabes occupent Avignon et contrôlent la navigation sur le Rhône.

737 - Charles Martel (688-741) prend Avignon, mais

ne peut pas prendre Narbonne.

750 - Fin de la dynastie omeyyade de Damas (661-750) et début de la dynastie abbasside de Baghdad (750-1258).

756 - Un prince omeyyade, survivant de la tuerie de la famille omeyyade par les Abbassides, prend le pouvoir en Al-Andalus sous le nom d'Abd-ar-Rahman-I (756-788).
Abd-ar-Rahman-I s'oppose aux Abbassides.

759 - Les Francs prennent Narbonne.

768 - Le khalife abbasside Al Mansour envoie des ambassadeurs à la cour de Pépin le Bref, roi des Francs (751-768).
- Mort de Pépin le Bref.
- Charles-I (futur Charlemagne) (768-814) devient roi des Francs.

793 - Prise de Narbonne par les Arabes, mais ils repassent les Pyrénées vers Al-Andalus.

800 – Charles-I devient empereur avec le nom de Charlemagne.

801 - Échange d'ambassadeurs entre Charlemagne et Haroun ar-Rachid, khalife de Baghdad (765-809).

802 - Attaque de la Corse par les Arabes.

810 - Attaque de la Sardaigne par les Arabes.
- Trêve de 2 ans entre Charlemagne et les Arabes.

813 - Les Arabes attaquent la Corse, Nice et les environs de Rome.

827 - Raid naval arabe en Bretagne.

831 – Envoi d'un ambassadeur de Baghdad à la cour de Louis-I le Débonnaire (778-840).
-Attaque arabe par mer de Marseille et de l'estuaire du Rhône.

846 - Raid arabe sur l'Italie : l'embouchure du Tibre et Gênes.

848 - Le Languedoc s'allie aux Arabes.
- Prise d'Arles par les Arabes.
- Le gouverneur arabe de Saragosse pénètre en France. Charles-II le Chauve (823-877) cherche à traiter.

869 - Attaque des côtes provençales par les Arabes.
- Création d'un port en Camargue.

877 - Mort de Charles-II le Chauve qui se rendait en Italie pour combattre les Arabes.

889 - Fondation de la colonie arabe du «Fraxinet» en Provence.

906 - Les Arabes passent en Italie par le Dauphiné et le Mont Cenis. Attaque de Sousa et Acqui.

911 - Établissement des Arabes dans les Alpes.

920 - Les Arabes traversent les Pyrénées et atteignent Toulouse.
-Le Piémont d'une part, Aix et Marseille d'autre part subissent les assauts des Arabes du « Fraxinet ».

929 - Les Arabes avancent jusqu'à la frontière de la Ligurie.

939 - Les Arabes atteignent le Valais, les Grisons et Genève (Suisse).

940 - Fréjus et Toulon sont occupés.

942 - Malgré l'aide de la flotte grecque dans la bataille de Saint-Tropez, les Arabes restent sur leurs positions. La côte italienne est ravagée.
 -Nice et Grenoble sont occupées.

952 - Bataille de l'Orbe (Suisse) entre les Arabes et les Huns.
- La Suisse est aux mains des Arabes.

956 – Otton-I du Saint-Empire (936-973) envoie une mission à Cordoue en Al-Andalus.

960-975 - Évacuation par les Arabes du Grand St-Bernard, de Grenoble, de la Crête (occupée en 814), de la Savoie, de Gap et de la Provence.

1003 - Raid arabe sur Antibes.

1019 – Tentatives arabes contre Narbonne, Maguelone et les îles de Lérins.

1050 - Les Arabes évacuent l'Italie du sud et la Sicile (première incursion des Arabes en Sicile en 652).

Fin de la Chronologie

§§§

Avant-propos

§§§

§§§

*Al-Andalus représente au 8ème siècle la presque totalité des territoires de la Péninsule Ibérique (Espagne et Portugal actuels).
Al-Andalus est sous domination arabe de 711 à 1492, mais cette domination ne cesse de se réduire pour disparaitre complètement en 1492.

C'est à partir d'Al-Andalus que les Arabes vont pénétrer en France. Ils occuperont le sud de la France à partir de 717, avant d'en être expulsés complétement en 975.

L'Andalousie actuelle (dont le nom dérive d'Al-Andalus), n'était qu'une petite partie d'Al-Andalus.

* La conquête arabe d'Al-Andalus, sous la dynastie arabe omeyyade (661-750), s'est faite au nom d'une religion (l'islam) et d'une langue (l'arabe).

* Les auteurs et les chroniqueurs cités dans cette étude utilisent indifféremment les termes : arabes, sarrasins, musulmans, andalous pour désigner les conquérants arabes.
Le terme « sarrasin » est utilisé principalement par les auteurs et les chroniqueurs francs, languedociens, provençaux, et plus tard français. Ils désignent par ce terme les Arabes d'Al-Andalus.

* Les Arabes appelaient la France : *La Grande Terre,* où on parlait plusieurs langues.

§§§

§§§

Introduction

§§§

Au début du 8ème siècle, les Arabes entreprennent la conquête de la Péninsule ibérique (Espagne et Portugal actuels) qu'ils nomment : Al-Andalus.

La faible résistance rencontrée dans la Péninsule encourage les Arabes à traverser les Pyrénées, en direction de la France.

La présence des Arabes dans le sud de la France durera jusqu'à la fin du 10ème siècle.

La mer Méditerranée était « chrétienne » jusqu'au début du 8ème siècle.
L'avènement de l'islam et la conquête par les Arabes du Maghreb et d'Al-Andalus ont rompu ce statut.

La stratégie des Arabes pour se rendre maîtres de cette mer consistait :
-d'une part, à traverser les Pyrénées, à partir d'Al-Andalus, et à conquérir le sud de la France, le nord de l'Italie, les principaux passages des Alpes, etc.[1] ;
-et d'autre part, à partir du Maghreb, conquérir la Sicile, la Sardaigne, la Corse, le sud de l'Italie, etc.
Et ainsi, la boucle serait bouclée !
Cette stratégie consistait à diviser le monde chrétien en deux parties :

---

[1]- Mouça Ibn Nussayr (640-716), Gouverneur de l'Ifriqiya (l'actuelle Tunisie, la Tripolitaine (Ouest de la Libye) et le Constantinois (Est de l'Algérie), devient le premier Emir d'Al-Andalus nommé par Damas.
Mouça Ibn Nussayr se promettait de rejoindre Damas, le siège du khalifat omeyyade, en passant par le sud de l'Europe, et en combattant les Chrétiens jusqu'à Constantinople, capitale des Chrétiens d'Orient.
Mouça Ibn Nussayr pensait ainsi relier Al-Andalus à l'Orient par la terre. Mais il est rappelé plutôt que prévu par Damas.
Voir : Ibn Khaldoun Abd-ar-Rahhman (1332-1406), Kitab al 'ibar...(Le Livre des exemples ou Livre des considérations sur l'histoire des Arabes, des Persans et des Berbères, 1375-1379), 14 volumes, Beyrouth, 1981, Dar al Kitab al-Lubnani, Vol. VII, p.254-255.

+ l'Orient chrétien (Constantinople) qui maintient plus ou moins ses capacités de navigation en Méditerranée, mais sans s'éloigner de ses bases ;

+ l'Occident chrétien qui, malgré une papauté sans poids politique, réunit tous les facteurs pour la constitution d'un empire chrétien occidental.
Mais, le centre de cet empire est tourné vers le Nord[2].

La stratégie arabe a eu pour conséquence la mise en avant des Carolingiens en Occident[3].
En effet, les Carolingiens arrêteront la progression des Arabes en France, mais sans pouvoir jouer de rôle en mer[4].

---

2 - Les peuples Germaniques (Europe du Nord) joueront un rôle important dans la construction de la civilisation européenne.
Voir: H. Pirenne, De Mahomet à Charlemagne, 1937, 258 pages, p. 136.
3 - Les Carolingiens : dynastie de rois francs qui ont régné sur l'Europe occidentale (751-987).
4 - Abd-ar-Rahman-II (822–852) est le 4ème Emir omeyyade d'Al-Andalus après la scission de ce pays du khalifat Abbasside.
Il est le premier Emir à faire construire un arsenal à Séville, suite aux premières incursions normandes contre les côtes d'Al-Andalus en 843.
Sous le premier khalife omeyyade d'Al-Andalus, Abd-ar-RahmanIII, An-Nacir, (929-961), la base principale de la flotte est située à Alméria.
Le responsable de cette flotte est le troisième personnage d'Al-Andalus, après le gouverneur de la Marche supérieure (Saragosse) et le cadi de Cordoue, à participer aux grandes décisions de l'Etat.
Voir : Ta'rikh madinat Almariyya al islamiyya qa'idat 'ouçtul al Andalus (Histoire d'Alméria islamique, base de la flotte d'Al-Andalus), As-Sayyd Abd-al-Aziz Salim, 1969, Beyrouth, 210 pages, p. 40.
La flotte andalouse a de grandes capacités d'intervention. Citons en exemple l'envoi par An-Nacir en 931 d'une flotte au Maghreb, afin d'assiéger un gouverneur qui s'était soulevé contre lui. La flotte se composait de 120 navires, avec 7.000 hommes dont 5.000 marins.
Voir : Ibn Ḥayyān Abū Marwān Ḥayyān ibn Khalaf (988-1076), Al-Muqtabis min anbā' ahl al-Andalus (Histoire de l'Andalus), 9 volumes.
Le Volume V concerne Abd-ar-Rahman-III An-Nacir.
Texte arabe édité par P. Chalmeta, F. Corriente et M. Subh, Madrid-Rabat, 1979, 579 pages, Volume V, p.313.

La construction de l'Etat le plus fort d'Occident, entreprise par Charles Martel et Pépin le Bref, sera couronnée par la constitution d'un empire dont Charlemagne sera le grand empereur[5].

Cet empire s'étendra sur l'Europe occidentale et centrale.

= Les Arabes qui débarquaient en Provence, pour se joindre aux hommes déjà installés dans cette région, venaient des bases navales de Péchina (province d'Alméria) et des Iles Baléares.
[5] - Charles Martel (688-741), homme d'Etat et chef militaire franc;
- Pépin le Bref (714-768), roi des Francs de 751 à 768;
- Charles-I (742-814), roi des Francs à partir de 768, couronné empereur à Rome en 800 sous le nom de Charlemagne.

Vase arabe en terre cuite à décor en relief (8ème siècle) trouvé à Narbonne
Source : Jean Lacam, Les Sarrasins dans le Haut moyen âge français, Paris, 1965.

§§§

**Première partie
Incursions arabes en Aquitaine,
Languedoc, Vallée du Rhône,
Bourgogne.**

§§§

Chapitre_0 : Préliminaire

1- Al-Andalus
2- La France

§§§

1- Al-Andalus

En 710, sous la dynastie arabe des Omeyyades (661-750) (capitale Damas), un conquérant, Tarif ibn Malik an-Nakh'i, sous les ordres de Mouça Ibn Noussayr (640-716), gouverneur de l'Ifriqiya[6], débarque avec ses troupes dans le sud de la Péninsule Ibérique (Espagne et Portugal actuels) dans un endroit qui porte aujourd'hui encore son nom, Tarifa.
C'est la première ville d'Espagne occupée par les Arabes[7].

Après Tarif, Tariq Ibn Ziyyad, toujours sous les ordres de Mouça Ibn Noussayr, débarque en 711 à Gibraltar (de l'arabe Djabal-Tariq, du nom de ce conquérant).

Mouça Ibn Noussayr arrive, quant à lui, en Al-Andalus en 712[8].
Il rejoint Tariq, et c'est l'avancée des armées arabes jusqu'à Barcelone et les Asturies (nord de l'Espagne),

---

[6] - L'Ifriqiya comprenait ce qui représente aujourd'hui la Tunisie, la Tripolitaine (Ouest de la Libye) et le Constantinois (Est de l'Algérie).
[7] - Ibn Khaldoun Abd-ar-Rahhman (1332-1406), Kitab al 'ibar...(Le Livre des exemples ou Livre des considérations sur l'histoire des Arabes, des Persans et des Berbères, 1375-1379), 14 volumes, Beyrouth, 1981, Dar al Kitab al-Lubnani, Vol. VII, p.254.
[8] - Al-Maqqari at-Tilimçani Ahmad, Nafh al-tib min ghusn al-Andalus al-ratib wa-dhikr waziriha Lisan al-Din ibn al-Khatib (Exhalation de la douce odeur du rameau vert d'al-Andalus et histoire du vizir Lisan ad-Din ibn al-Khatib), c'est une histoire d'Al-Andalus (1ère partie) et une biographie d'Ibn al-Khatib (2ème partie), Beyrouth, 1968, 8 volumes, Vol. I, p.277.
Al-Maqqari est historien (1578-1632).

et jusqu'à Narbonne et Carcassonne dans le sud de la France[9].

Mouça et Tariq sont rappelés à Damas par le khalife omeyyade Al-Walid en 714[10].

Al-Andalus est gouverné au début de la conquête arabe par le Gouverneur de l'Ifriqiya et puis par des Emirs (walis, gouverneurs) désignés directement par le khalife omeyyade de Damas.
En l'espace de 45 ans, une vingtaine d'Emirs ont gouverné Al-Andalus, ce qui dénote l'instabilité qui a régné dans ce pays[11].

Après la disparition tragique de la dynastie omeyyade de Damas (750), Al-Andalus déclare son indépendance vis à vis de la dynastie abbasside de Baghdad (750-1258) et fonde l'Emirat omeyyade de Cordoue (756), puis le khalifat omeyyade de Cordoue (929).

Emirs nommés par Damas et qui se sont impliqués en personne dans les expéditions en France :

+Mouça Ibn Noussayr, déjà cité ;
+Al-Horr, qui arrive jusqu'à Nîmes[12] ;

---

[9] - Al-Maqqari dit qu'ils sont arrivés jusqu'au Rhône.
Voir : Al-Maqqari, o.c., Vol. I, p.273.
[10] - Ibn Al-Qutiyya, Ta'rikh iftitah al-Andalus (Histoire de la conquête d'Al-Andalus), texte arabe édité par Ibrahim Al-Ibyari, Beyrouth, 1982, 158 pages, p.36.
Ibn Al-Qutiyya, historien andalou, mort en 977.
- Voir aussi : Al-Maqqari, o.c., Vol. I, p.265-267.
-At-Tabari dit que Mouça revient à Qayrawan (Tunisie) en 714.
Voir : At-Tabari, Ta'rikh al umam wa-l-muluk (Histoire des nations et des rois), Beyrouth, 6 volumes, Vol. IV, 8ème Partie, p. 196.
At-Tabari est historien (839-923).
-Ibn Khaldoun dit la même chose qu'At-Tabari. Voir : Ibn Khaldoun, o.c., Vol. VII, p.255.
[11] - Al-Maqqari, o.c., Vol. I, p.249.
[12] - Al-Horr ibn Abd-ar-Rahman ath-Thaqafi, Emir d'Al-Andalus en 716. Il gouverne près de 3 ans.

+As-Samah, le conquérant de Narbonne[13] ;
+'Anbaça, le conquérant de Carcassonne, et artisan de la poussée arabe jusqu'au Rhône[14] ;
+Abd-ar-Rahman Al-Ghafiqi.
Il meurt à Poitiers en 732[15] ;
+'Oqba[16];

L'Emirat omeyyade de Cordoue (après l'indépendance d'Al-Andalus):

+Abd-ar-Rahman-I (756-788), fondateur de L'Emirat omeyyade de Cordoue[17];

= Voir : Ibn al-Athir, Al Kamil fi at-ta'rikh (La totalité dans l'histoire), 10 volumes, plus 1 volume index, Beyrouth, 1982, Vol. V, p. 489. Ibn al-Athir est historien (1160-1232).
13 - As-Samah, nommé Emir d'Al-Andalus directement par le khalife omeyyade Omar ibn Abd-al-Aziz en 718.
Il conquiert Narbonne en 719. Il meurt au combat alors qu'il assiégeait Toulouse en 720.
Voir : Al-Maqqari, o.c., Vol. I, p.235.
Voir aussi : Ibn Khaldoun, o.c., Vol. VII, p.257.
14 - 'Anbaça ibn Sahim al Kalbi, Emir d'Al-Andalus en 721. Il meurt en Aquitaine (France) en 725.
Voir : Ibn al-Athir, o.c., Vol. V, p.490.
15 - Abd-ar-Rahman Ibn Abd-Allah Al-Ghafiqi participe aux expéditions dans le sud de la France auprès d'As-Samah. Après la mort de ce dernier devant Toulouse, il sauve l'armée arabe de la déroute et la ramène en bon ordre en Al-Andalus.
Voir : Ibn al-Athir, o.c., Vol. V, p.174.
Al-Ghafiqi, Emir d'Al-Andalus en 730. Il règne 20 mois.
Voir : Al-Maqqari, o.c., Vol. I, p.235-236.
16 - 'Oqba ibn Al-Hajjaj As-Salouli prend les rênes d'Al-Andalus en 734.
Voir : Ibn al-Athir, o.c., Vol. V, p.490.
'Oqba règne pendant cinq ans sur Al-Andalus.
Il poursuit les expéditions dans le sud de la France jusqu'à Narbonne, et sous son Emirat, les Arabes arrivent jusqu'au Rhône.
Voir : Al-Maqqari, o.c., Vol. V, p.236.
Voir aussi : Ibn Khaldoun, o.c., Vol I, p.257.
Selon Ibn Khaldoun, 'Oqba règne 6 ans et meurt à Saragosse en 740, Ibn Khaldoun, o.c., Vol. VII, p.258-259.
17 - Abd-ar-Rahman-I, *ad-Dakhil (l'Immigré)*, appelé ainsi parce qu'il est le premier des princes omeyyades à entrer en Al-Andalus.
Il arrive dans ce pays, seul survivant de la tuerie de toute sa famille omeyyade en Syrie par les nouveaux dirigeants abbassides.

+Hicham-I (788-796);
+Al-Hakam-I (796-822);
+Abd-ar-Rahman-II (822-852). Il inaugure l'âge d'or de l'Emirat de Cordoue.

Le khalifat omeyyade de Cordoue est créé en 929 :

+Abd-ar-Rahman-III (An Nacir).
Emir (912-929) puis khalife (929-961).
Il fonde le khalifat omeyyade de Cordoue (929-1031), concurent du khalifat abbasside de Bagdad.
+Al-Hakam-II, khalife (961-976).
(En 975, fin de la présence des Arabes en Provence).

La Péninsule Ibérique (Wikipedia)

= Le khalife abbasside Al Mansur le surnomme le « faucon des Bani Umayya » (le faucon des Omeyyades) pour ce qu'il faisait en Al-Andalus.
Abd-ar-Rahman-I succéde à Youçef ibn Abd ar-Rahman al Fihri, E-mir depuis 746.
En 755, Abd-ar-Rahman-I prend le pouvoir en Al-Andalus qu'il unifie. Il fonde l'Emirat de Cordoue en 756 et fait sécession des Abbassides de Baghdad.
Il est le principal artisan du khalifat omeyyade de Cordoue (qui sera fondé en 929 par Abd-ar-Rahman-III).
Le khalifat omeyyade de Cordoue sera concurrent du khalifat abbasside de Baghdad Voir : Ibn al Athir, Vol V, o.c., p.489-496.
Abd-ar-Rahman-I meurt en 788. Il règne sur Al-Andalus pendant 33 ans.
Voir : Ibn Khaldoun, Vol. VII, o.c., p.264-265, 269.

La France : noms de villes et de régions

2 - La France au début du 8ème S.

La France est divisée entre :

+Les habitants du nord. Ils occupent :

-La Neustrie (royaume franc au nord-ouest de la France actuelle, avec pour première capitale Soissons et pour dernière capitale Blois) ;

-L'Austrasie (royaume franc de l'époque des Mérovingiens correspondant au nord-est de la France actuelle avec pour capitales Reims puis Metz).
L'Austrasie peut être considérée comme le berceau de la dynastie carolingienne[18] ;

-La Bourgogne (anciennement Burgundia).
Dans la première moitié du VIème siècle, la Bourgogne s'étend sur près du quart sud-est de la France actuelle.
Dans la 1ère moitié du VIIIème siècle, Charles Martel soumet la Bourgogne.

+Les habitants du sud. Ils occupent :

-L'Aquitaine (entre la Loire et les Pyrénées).
Le Duc d'Aquitaine, Eudes, prétend être descendant de Clovis, donc parent des princes du nord ;

-Le Languedoc.
Le Languedoc s'appelait Gothie (habitée longtemps par les Goths), ou Septimanie (parce qu'elle comprenait *sept* villes importantes : Narbonne, Nîmes, Agde,

---

[18] - Les Mérovingiens: dynastie qui régna, du Ve siècle jusqu'au milieu du VIIIe siècle) sur une très grande partie de la France et de la Belgique actuelles, ainsi que sur une partie de l'Allemagne et de la Suisse.
- Les Carolingiens : dynastie des rois francs qui régna sur l'Europe occidentale de 751 jusqu'au Xe siècle.

Béziers, Lodève, Carcassonne et Maguelone).
Le Languedoc se trouve en partie sous la souveraineté du Duc d'Aquitaine ;

-La Provence.
La Provence est dans le viseur des conquérants arabes venus d'Al-Andalus dès la 1ère première moitié du VIIIème siècle.
Les Wisigoths habitent une partie du Languedoc et une partie de la Provence.

§

Les Arabes, en se référant à la France, parlent de la *Grande Terre* qui comprend toutes les terres situées entre les Pyrénées, les Alpes, l'Océan et l'Elbe, et où l'on parle plusieurs langues.
Al Maqqari décrit la *Grande Terre* comme une vaste terre riche, très peuplée et avec un habitat dense[19].

Quant aux Francs, ils appellent les Arabes sarrasins dès le début du 8ème S.[20].

§

Fin du Chapitre_0

---

19 - Al-Maqqari, Vol. I, o.c., p.145.
20 - Le terme « sarrasin », qui sera utilisé pendant plusieurs siècles, est toujours vivant de nos jours pour désigner des lieux-dits, ou pour qualifier des objets ou des expressions.
D'après Chakib Arslan, le terme *Sarrazin* viendrait de *sarakanou*, qui veut dire musulman chez les chrétiens, lequel *sarakanou* viendrait de *charaka*, c'est à dire, *charqui* et au pluriel *charaqui* (orientaux).
- Voir : Chakib Arslan, Histoire des expéditions arabes en France, en Suisse, en Italie et dans les îles méditerranéennes, (en arabe), Beyrouth, sans date (introduction datée de 1933), 310 pages, p.15.
- Voir également : Ibn Battuta, Voyages arabes, La Pléiade, 1995, Voyages et périples, pp. 368-1050, p.702.
Ibn Battuta (1303-1377), le grand voyageur arabe du 14ème S., raconte dans sa *Rihla* (Voyage) que le roi de Constantinople s'adressa ainsi à lui, par l'intermédiaire de son interprète : « Dis à ce *Sarrasin*, c'est à dire ce musulman, etc. ».

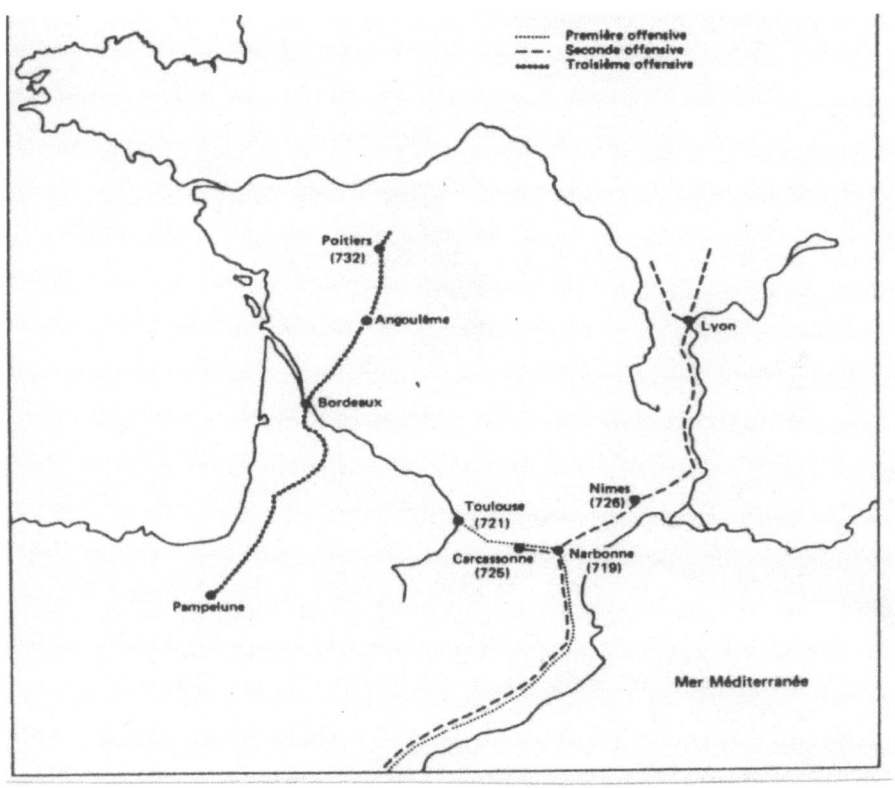

Les incursions en France (1ère moitié du VIIIème S.)
(Croquis de Philippe Sénac, Musulmans et Sarrasins, Le Sycomore, Paris, 1980, p.22)
+Première incursion : d'Al-Andalus vers Narbonne (719) et Toulouse (721).
+Deuxième incursion : d'Al-Andalus vers Carcassonne, Nîmes et Lyon (725-726).
+Troisième incursion : d'Al-Andalus vers Bordeaux, Angoulème et Poitiers (732).

Chapitre_1 : Les premières incursions arabes en France

§§§

0-Introduction
1-Les premières incursions arabes en France.
Première expédition : Narbonne est occupée en 719.
2-Deuxième expédition : Carcassonne, Nîmes (725 et 726)
3-Troisième expédition : Le Pavé des Martyrs, pour les uns, Poitiers pour les autres (732).

§§§

0-Introduction

Ce sont les Emirs d'Al-Andalus qui sont chargés des expéditions en France.

Mouça Ibn Nussayr, le premier Emir d'Al-Andalus se promet de rejoindre Damas, siège du khalifat omeyyade à cette époque, en passant par le sud de l'Europe, mais il est rappelé plutôt que prévu par Damas[21].

La France, à cette époque, figure donc, dans le plan de conquête des Arabes[22].
En occupant la France, les Arabes ont pour but également de l'islamiser.

---

21 - Ibn Khaldoun Abd-ar-Rahhman (1332-1406), Kitab al 'ibar...- (Le Livre des exemples ou Livre des considérations sur l'histoire des Arabes, des Persans et des Berbères, 1375-1379), 14 volumes, Beyrouth, 1981, Dar al Kitab al-Lubnani, Vol. VII, p.254-255.
22 - Lors des premières incursions arabes dans le Languedoc, «les Sarrasins venaient accompagnés de leurs femmes et de leurs enfants, dans l'intention d'occuper le pays».
Voir : Joseph Reinaud (1795-1867), Invasion des Sarrasins en France et de France en Savoie, au Piémont et en Suisse, pendant les 8ème, 9ème et 10ème siècles, d'après les auteurs chrétiens et mahométans, Paris, 1886, 324 pages, p.18.

Ils s'attaquent à cette fin aux institutions religieuses.

En effet, c'est avec les religieux que les Arabes rencontrent le plus de résistance, alors que le milieu politique, divisé, est enclin à fléchir devant les conquérants, en signant des traités de coexistence.

Lorsqu'en 714, l'Emir Mouça Ibn Nussayr quitte Al-Andalus, après avoir désigné son fils Abd-al-Aziz pour le remplacer, il reste encore des noyaux de résistance dans le nord de la France, alors que dans le sud, il règne un « calme relatif »[23].

1-Première expédition arabe en France :
De l'Al-Andalus vers Narbonne et Toulouse.
Narbonne occupée en 719.
Echec devant Toulouse en 721.

Les auteurs divergent quant à la date exacte des premières incursions arabes en France.
Quant au lieu de la première incursion, il se situerait sur les côtes françaises dans l'île de Lérins, près d'Antibes[24].

---

23 - La Septimanie connut à cette période les agents arabes du fisc chargés de percevoir le tribut stipulé par les traités de sauvegarde.
« Un calme relatif semble régner dans cette région grâce au jeune roi Agila-II, qui était encore souverain à cette période ».
(La Septimanie : région appelée ainsi parce qu'elle comprend *sept* villes importantes : Narbonne, Nîmes, Agde, Béziers, Lodève, Carcassonne et Maguelone).
Ce n'est qu'après la prise de pouvoir de l'Emir Al-Horr, désigné Emir d'Al-Andalus (716) par le khalife de Damas, et la disparition d'Agila-II de la scène politique, que «la manière forte prit le pas sur la conciliation».
Voir : Lacam Jean, Les Sarrasins dans le Haut moyen âge français, Paris, 1965, 217 pages, p.21.
Agila-II (en arabe Akhila), mort en 714, est l'un des derniers rois wisigoths d'Hispanie et de Septimanie.
24 - Voici comment la chronique rapporte cet événement :
« L'île de Lérins était alors célèbre dans toute la chrétienté par son couvent des moines, qui ne cessait pas de fournir à l'Eglise des docteurs, des évêques et des martyrs. En ce moment, le couvent était

L'Emir Al-Horr (nommé en 716) ne peut pas prendre la ville de Narbonne.
C'est son successeur, l'Emir As-Samah (nommé en 719), qui conquiert Narbonne (719), après un siège de 28 jours[25].

Les Arabes fortifient la ville et en font leur principale base en France.
(Narbonne est située à l'époque au milieu des marais et près de la mer, aujourd'hui elle est située à 18 km de la mer).

Après Narbonne, l'Emir As-Samah marche du côté de Toulouse, capitale de l'Aquitaine.
Il entreprend le siège de la ville. Au moment où elle va tomber, le duc d'Aquitaine Eudes accourt avec ses troupes.
Dans les combats qui s'en suivent, As-Samah trouve la mort. C'était en 721[26].

Reinaud, qui situe la bataille de Toulouse en mai 721,

= sous la conduite de St Porcaire, et l'on y comptait 500 moines venus de France, d'Italie et d'autres contrées d'Europe, non compris un certain nombre d'enfants qui venaient s'y former à la culture des lettres ».
« Aux approches des pirates, St Porcaire fit embarquer les enfants et les plus jeunes des religieux pour l'Italie ».
« Quant au reste des moines, le Saint, qui n'avait peut-être ni le temps ni les moyens de les conduire ailleurs, les assembla et les exhorta à attendre les Sarrasins, se résignant d'avance au sort que ces barbares voudraient leur réserver » Voir : Reinaud, o.c., p.70.

25 - Chakib Arslan, Histoire des expéditions arabes en France, en Suisse, en Italie et dans les îles méditerranéennes, (en arabe), Beyrouth, sans date (introduction datée de 1933), 310 p., p.65.

26 - Arslan, o.c. p.71.
-Al Maqari pense que c'était en 720. Voir : Al-Maqqari at-Tilimçani Ahmad, Nafh al-tib min ghusn al-Andalus al-ratib wa-dhikr waziriha Lisan al-Din ibn al-Khatib (Exhalation de la douce odeur du rameau vert d'al-Andalus et histoire du vizir Lisan ad-Din ibn al-Khatib), c'est une histoire d'Al-Andalus (première partie) et une biographie d'Ibn al-Khatib (2ème partie), Beyrouth, 1968, 8 volumes, Vol. I, p.235.

parle d'As-Samah, que la chronique appelle Zama[27].

Pour le duc d'Aquitaine, sauver sa capitale Toulouse de l'emprise des Arabes constitue non seulement une grande victoire pour l'Aquitaine, mais aussi l'occasion de renforcer, pour un temps, son indépendance vis à vis des princes francs du nord.

La défaite des Arabes devant Toulouse et la mort d'As-Samah ne mettent pas fin à leur politique d'occupation du sud de la France.
Ils entreprennent alors, à partir de Narbonne, des offensives contre les régions voisines.

2-Deuxième expédition : de l'Al-Andalus vers Carcassonne, Nîmes et Lyon (725-726)

L'Emir 'Anbaça (nommé en 721), appelé par la chronique Ambissa, est à la tête d'Al-Andalus.

L'Emir conquiert Carcassonne en 725.
La ville restera sous domination arabe jusqu'en 759.

Après la prise de Carcassonne, 'Anbaça se dirige, via la vallée du Rhône, vers les Alpes et la Bourgogne. Il meurt dans cette expédition sur les bords du Rhône en 725.
Pendant cette offensive, les Arabes occupent l'Albigeois, le Rouergue, le Gévaudan et le Velay.

Après l'occupation de Nîmes en 726, les Arabes envoient des otages à Barcelone, alors sous domination arabe.

---

[27] - Reinaud, o.c., p.19-20.
- Chakib Arslan dit avoir remarqué en 1930 à Narbonne une rue qui porte le nom de Zama (As-Samah), Arslan, o.c., p.66.
Nous pensons que le nom de famille d'aujourd'hui « Azéma » est à rapprocher de celui de l'Emir arabe. D'ailleurs l'actrice française Azéma dit volontiers avoir des ascendants « sarrasins ».

Par ailleurs, les Arabes attaquent Vienne, Lyon, Mâcon, Chalon/Saône, Bon (près de Dijon).
Ils arrivent jusqu'à Autun, Saulieu, Beze (non loin de Dijon), et jusqu'à 300 km au sud-est de Paris.
D'autres sources parlent des abords de la Loire, des environs de Nevers, de la Franche-Comté.
En fait, les Arabes n'ont de vraie résistance que devant Sens[28].

L'expédition de 'Anbaça a pour conséquence de renforcer les positions arabes acquises du temps de l'Emir As-Samah, puisque le camp principal, Narbonne, est maintenant protégé par les nouvelles avancées vers l'est et le nord.

La mort de 'Anbaça coïncide avec une crise particulière parmi les nombreuses crises qui secouent Al-Andalus.
En effet, en l'espace de quatre ans, cinq Emirs se succèderont à la tête de ce pays[29].

§

3-Troisième offensive : d'Al-Andalus vers Bordeaux, Angoulême et Poitiers (732).
Le Pavé des Martyrs, pour les uns, Poitiers pour les autres[30]

---

28 - Arslan, o.c., p.73 et 78-79; Reinaud, o.c., p.23.
29 - Ibn al-Qutiyya (historien mort en 977), Ta'rikh iftitah al-Andalus (Histoire de la conquête de l'Andalus), texte arabe édité par Ibrahim Al-Ibyari, Beyrouth, 1982, 158 pages, p.38.
30 - Les Arabes appellent le lieu de leur défaite : *Pavé des Martyrs*.
- La bataille de Poitiers avait commencé près de Tours pour se terminer aux environs de Poitiers en octobre 732. Voir : Arslan, o.c. p.101.
- Selon le calendrier arabe, la défaite arabe a lieu au mois de Ramadhan de l'année 114 (Hégire) / (732 ap. J.C.).
Voir : Ibn al-Athir 'izz-ad-Din abul-Hassan (1160-1233), Al Kamil fi at-ta'rikh (La totalité dans l'histoire), 10 Vol., plus 1 Vol. index, Beyrouth, 1982, Vol. V, p.174.

En 730, Abd-ar-Rahman al-Ghafiky, l'ancien lieutenant d'As Samah est nommé Emir d'Al-Andalus[31].
Il concentre son armée à Pampelune, pendant l'été 732.

Joseph Reinaud donne le récit des préparatifs de la bataille de Poitiers[32].

L'Emir Abd-ar-Rahman al-Ghafiqi traverse les Pyrénées par Roncevaux (Navarre, nord de l'Espagne) en direction de Bordeaux.

---

31 - C'est dans ce contexte qu'Othman Munuza, gouverneur du nord d'Al-Andalus, qui ne voulait pas rompre la trêve signée avec Eudes, le Duc d'Aquitaine, refuse de suivre l'Emir qui préparait une expédition en France.
L'Emir ordonne de marcher contre Llivia (siège du pouvoir de Munuza). Munuza tente de rejoindre l'Aquitaine. Il est poursuivi et tué en 731.
Pour assurer la trêve avec le Duc d'Aquitaine, Munuza avait épousé sa fille Lampégie.
Selon Jean Lacam, l'Emir aurait poussé Munuza au suicide. Sa tombe ainsi que celle de sa femme Lampégie se trouveraient sous l'église triangulaire de Planés.
Cette église située dans les Pyrénées orientales est appelée par les gens du pays *la Mesquita* (La Mosquée). Elle serait l'œuvre d'un architecte arabe.
Voir : Lacam, o.c., p.78-81.
32 - Reinaud dit : « Au printemps de l'année 732, Abderrahmane, à la tête d'une armée nombreuse et pleine d'enthousiasme prit sa route à travers l'Aragon et la Navarre et entra en France par les vallées du Bigorre et du Béarn... ».
« Les abbayes de St-Savin près de Tarbes, et de St-Sever-de-Rustan, en Bigorre, furent rasées ; Aire, Bazas, Oleron, Béarn se couvrirent de ruines. L'abbaye de Ste-Croix près de Bordeaux, fut livrée aux flammes ».
« Eudes (duc d'Aquitaine) n'ayant pu contenir l'avance des Arabes, alla invoquer l'aide de Charles Martel. Aux environs de Libourne, les Arabes détruisirent le monastère de St-Emilien ; à Poitiers, ils brûlèrent l'église de St-Hilaire... ? ».
« Les Arabes disent que la bataille eut lieu près de Tours, alors que la chronique de l'abbaye de Moissac situe le combat près de Poitiers... ».
« Une ancienne tradition qui a cours à Tours place le théâtre de la bataille dans les environs, au lieu St-Martin-le-Bel ».
Voir : Reinaud, o.c., p.41-45.

Bordeaux est saccagé et son gouverneur est tué dans la bataille[33].

Eudes, le duc d'Aquitaine qui va à la rencontre d'Abd-ar-Rahman, est battu sur les bords de la Dordogne.
Après cela, l'Emir Abd-ar-Rahman marche sur St Martin de Tours, sanctuaire des Gaules.
Charles Martel, alerté par Eudes, arrête les Arabes au nord de Poitiers.
Après la mort de l'Emir Abd-ar-Rahman dans la bataille, les armées arabes se retirent vers Narbonne en saccageant au passage les monastères du Limousin.

Qu'en est-il de Poitiers et de la date 732 ?

En effet, de toute la présence mouvementée des Arabes dans le sud de la France (Languedoc, Aquitaine, Bourgogne, Provence, etc.) qui commence aux environs de 714 en Languedoc pour se terminer vers 975 en Provence, on ne retient que la célèbre phrase des résumés d'histoire apprise à l'école primaire :
« Charles Martel arrête les Arabes à Poitiers en 732 ».
Alors qu'en 732 les Arabes venus d'Al-Andalus, sont à leur troisième expédition dans le sud de la France depuis 714.

Chacune de ces expéditions est menée par un Emir d' Al-Andalus en personne :
As-Samah, 'Anbaça, Abd-ar-Rahman al-Ghafiqi.

L'historien Michel Rouche dit que la bataille de Poitiers est importante, surtout pour les Francs :
« Ainsi victorieux, il (Charles Martel) triomphe de ses ennemis, c-à-d des musulmans et des Aquitains ».

Avant la bataille de Poitiers, en décimant l'armée du duc Eudes sur les bords de la Dordogne, Abd-ar-Rah-

---

[33] - Arslan, o.c. p.89-90.

man élimine le seul rival sérieux de Charles Martel. Et Michel Rouche de dire :
« Sans Abd-ar-Rahman, écrasant Eudes, Charlemagne est inconcevable »[34].

De son côté, Henri Pirenne dit que la bataille de Poitiers n'a pas l'importance qu'on lui attribue :
et «qu'elle n'est pas comparable à la victoire remportée sur Attila »[35].

Fin du Chapitre_1

---

34 - Michel Rouche, Des Wisigoths aux Arabes, l'Aquitaine 418-781, naissance d'une région, Paris, 1979, 777 pages, p.114.
35 - La bataille de Poitiers « marque la fin d'un raid, mais n'arrête rien en réalité ».
« Si Charles avait été vaincu, il n'en serait résulté qu'un pillage plus considérable ».
Voir : Henri PIRENNE, Mahomet et Charlemagne, 1961 (1ère édition : 1937), 258 pages, p.23 et note p.227.
En citant Attila, H. PIRENNE renvoie probablement à la défaite d'Attila qui se proposait de conquérir la « Gaule romaine ».
En 451, Attila, roi des Huns, franchit le Rhin. Il saccage Metz, Reims et se dirige vers Orléans. Attila est vaincu à la bataille des Champs Catalauniques (ou bataille de Châlons).

Les villes tenues par les Arabes (première moitié du VIII siècle)
Source : Croquis de Philippe Sénac, Musulmans et Sarrasins. Le Sycomore, Paris, 1980, p.82.

Chapitre_2 : Après Poitiers

§§§

1-Après la défaite de Poitiers, les Arabes se dirigent vers l'est de la France.
2-La prise de Narbonne par les Francs.
3-Les Francs en Al-Andalus.
Charlemagne et les Abbassides. Roncevaux et Roland

§§§

1-Après la défaite de Poitiers, les Arabes se dirigent vers l'est

La défaite des Arabes à Poitiers (732) ne signifie pas la fin de leur présence en France, mais elle constitue un butoir à leur avancée vers le nord.

Pour Abd-al-Malik ibn Qatn, le nouvel Emir d'Al-Andalus (nommé en 732), la priorité est de régler les crises internes de ce pays.

Néanmoins les Arabes fortifient encore davantage les villes du Languedoc qu'ils occupent et entreprennent des actions vers l'est, à partir de Narbonne, qui restera leur place forte jusqu'en 759.

Dans le sud de la France, profitant de la situation, des personnalités chrétiennes, qui n'acceptent pas d'être soumises au duc d'Aquitaine et encore moins au roi franc, « se hissent à la tête de leur ville ».
En Provence, Mauronte s'octroie le titre de « duc de Marseille » ; il fait appel aux Arabes, et étend son pouvoir à la Provence entière[36].

---

36 - Joseph Reinaud (1795-1867), Invasion des Sarrasins en France et de France en Savoie, au Piémont et en Suisse, pendant les 8ème, 9ème et 10ème siècles, d'après les auteurs chrétiens et mahométans, Paris, 1886, 324 pages, p.52-53.

L'Emir 'Oqba, qui gouverne Al-Andalus de 734 à 740, noue, par l'intermédiaire du gouverneur arabe de Narbonne, des alliances avec Riculfe et Mauronte, gouverneurs respectivement des régions de Nîmes et de Marseille.
Car, l'Emir 'Oqba prépare la conquête du sud de l'Italie[37]. (à la même époque, les Arabes avaient déjà envisagé d'occuper la Sicile)[38].

En 734 donc, les Arabes traversent le Rhône, occupent Arles et s'avancent vers la Provence. Ils occupent Fretta (aujourd'hui St-Rémi), et Avignon qu'ils appellent (Roche d'Abnyoun)[39].
Les Arabes resteront en Provence pendant 4 ans[40].
Ils y retourneront vers les années 870-880 avant d'en être expulsés vers 975.

En 737, Charles Martel et son frère Childebrand reprennent Avignon aux Arabes.

Et en 739, Mauronte, l'allié des Arabes, perd ses positions en Provence et les Arabes ne traverseront plus le Rhône.

Après la prise d'Avignon, l'armée franque assiège Narbonne, sans succès[41].

---

37 - Voir le projet de Mouça Ibn Nussayr, dans l'Introduction.
38 - Ibn al-Athir, Al Kamil fi at-ta'rikh (La totalité dans l'histoire), 10 volumes, plus 1 volume index, Beyrouth, 1982, Vol. V, p.185.
39 - Appelé ainsi parce qu'il existe un rocher sur lequel sera construit le château des papes. Voir : Al-Maqqari at-Tilimçani Ahmad, Nafh al-tib min ghusn al-Andalus al-ratib wa-dhikr waziriha Lisan al-Din ibn al-Khatib (Exhalation de la douce odeur du rameau vert d'al-Andalus et histoire du vizir Lisan ed din ben al-Khatib), c'est une histoire d'Al-Andalus (première partie) et une biographie d'Ibn al-Khatib (seconde partie), Beyrouth, 1968, 8 vol., Vol. I, p.274.
40 - Al-Maqqari, Vol. I, o.c., p.274.
41 - Le siège est levé pour aller à la rencontre de l'armée envoyée par l'Emir 'Oqba venue soulager les Arabes assiégés à Narbonne. L'armée arabe, venue par mer, débarque à l'embouchure de la Berre (non loin de l'actuel Sijean).

Après l'échec du siège de Narbonne, Charles Martel retourne en Austrasie[42], par la vallée du Rhône.
Il emmène avec lui des otages wisigoths, dont il se méfie, et de nombreux prisonniers arabes.

Les prisonniers arabes sont employés, pour une partie d'entre eux, à des travaux agricoles dans le Vivarais (l'actuel département de l'Ardèche), et les plus récalcitrants sont envoyés dans les mines argentifères des Cévennes qui servent de camp de répression[43].

Après la mort de Charles Martel, son fils Pépin Le Bref est contesté dans son royaume, mais les Arabes ne profitent pas de cette nouvelle situation, préoccupés qu'ils étaient par leurs problèmes internes.

2-La prise de Narbonne par les Francs

En 740, une révolte se déclare en Al-Andalus contre l'Emir 'Oqba.
Le gouverneur de Narbonne, Abd-ar-Rahman ibn-'Alqama, qui est sous les ordres du chef de la révolte, part en Al-Andalus (740) pour participer aux combats[44].

= Les Arabes sont vaincus, mais leurs forces ne sont pas détruites complètement par Charles Martel, qui renonce à assiéger Narbonne.
Rappelons que Charles Martel avait déjà assiégé la ville en 732 après la bataille de Poitiers, sans succès non plus.
42 - L'Austrasie (royaume franc de l'époque des Mérovingiens correspondant au nord-est de la France actuelle avec pour capitales Reims puis Metz).
L'Austrasie peut être considérée comme le berceau de la dynastie carolingienne.
43 - Lacam Jean, Les Sarrasins dans le Haut moyen âge français, Paris, 1965, 217 pages, p.24. Voir aussi : Reinaud, o.c. p.58-60.
44 - Ibn Al-Qutiyya, Ta'rikh iftitah al-Andalus (Histoire de la conquête d'Al-Andalus), texte arabe édité par Ibrahim Al-Ibyari, Beyrouth, 1982, 158 pages, p.39-42.

Profitant du départ du gouverneur de Narbonne en Al-Andalus, le petit-fils du duc d'Aquitaine, Waiffre, tente de reprendre Narbonne. Sans succès.

Pépin Le Bref assiège à son tour Narbonne en 752, et ce n'est qu'après un siège de 7 ans que la ville est prise en 759[45].

Narbonne est restée la base des marches d'Al-Andalus du nord pendant 50 ans, avant de revenir à la France. La chute de Narbonne est un coup dur pour les Arabes en France.

3-Les Francs en Al-Andalus.
Charlemagne et les Abbassides. Roncevaux et Roland

Al-Andalus, une fois sa sécession de l'empire abbasside consommée[46], doit faire face à deux adversaires

---

45 - Chakib Arslan, Histoire des expéditions arabes en France, en Suisse, en Italie et dans les îles méditerranéennes, (en arabe), Beyrouth, sans date (introduction datée de 1933), 310 pages, p.66.
En effet en 752, Pépin Le Bref décide d'assiéger Narbonne, mais la résistance arabe est longue.
Un facteur important immobilise les armées suite à une famine qui ravage la France et l'Espagne. Voir : Reinaud, o.c., p.78.
En 759, Narbonne est livrée à Pépin par les habitants Wisigoths de la ville auxquels il promet l'autonomie. Voir : Arslan, o.c., p.113. Pépin Le Bref ne tiendra pas sa promesse.
46 - L'Emir Abd-ar-Rahman-I fait sécession de l'empire abbasside et fait d'Al-Andalus un Emirat omeyyade indépendant (756).
Voir Al-Maqqari, Vol. I, o.c., p. 282.
Les Abbassides (dynastie arabe 750 à 1258) ont exterminé toute la famille dirigeante des Omeyyades (661-750), sauf un seul menbre qui échappe à la tuerie. Le rescapé se réfugie au Maghreb puis en Al-Andalus : c'est Abd-ar-Rahman-I.
Abd al-Rahman-I, dit le « Juste » ou l'« Exilé » ou le « Faucon des Quraych » (731-788).
Au moment où Abd-ar-Rahman-I est en train de conquérir le pouvoir en Al-Andalus, le khalife abbasside Al Mansour demande à ses agents de soulever Al-Andalus contre lui.
Abd-ar-Rahman-I déjoue le complot et envoie la tête du chef des comploteurs à la Mekke pour qu'elle soit vue par Al Mansour qui é-

qui ne tardent pas à s'allier contre lui : les Carolingiens et les Abbassides de Baghdad.

Abd-ar-Rahman-I (Emir omeyyade de 756 à 788), qui est en opposition ouverte avec les Abbassides, offre son alliance aux Francs.
L'offre est rejetée par Pépin Le Bref[47] qui préfère avoir de bonnes relations avec les Abbassides.

En effet, Pépin Le Bref envoie en 765 des ambassadeurs auprès du khalife abbasside Al Mansour, et reçoit à Metz des émissaires du même khalife.
Et en 768, le khalife Al Mansour envoie, à son tour, des ambassadeurs à la cour de Pépin Le Bref[48].
Les relations entre Carolingiens et Abbassides prendront plus d'ampleur sous Charlemagne et le khalife abbasside Haroun ar-Rachid (765-809).
Celui-ci devient khalife en 786[49].

= tait en pèlerinage cette année-là. Voir : Ibn Al-Qutiyya, o.c., p.54-55.
Ibn Khaldoun dit que cela s'est passé en 766. Voir : Ibn Khaldoun Abd-ar-Rahhman (1332-1406), Kitab al 'ibar...-(Le Livre des exemples ou Livre des considérations sur l'histoire des Arabes, des Persans et des Berbères, 1375-1379), 14 volumes, Beyrouth, 1981, Dar al Kitab al-Lubnani, Vol. VII, p.266.
Ibn al-Athir pense que cela s'est passé en 763 Voir : Ibn al-Athir, Vol. V, o.c., p. 575.
47 - Charles Martel (688-741), homme d'Etat et chef militaire franc;
Pépin le Bref (714-768), roi des Francs de 751 à 768 ;
Charles-I (742-814), roi des Francs à partir de 768, couronné empereur à Rome en 800 sous le nom de Charlemagne.
- est le père de Charlemagne et le fils de Charles Martel.
48 - La guerre entre l'Emir omeyyade Abd-ar-Raman-I et les Abbassides se poursuit sous le khalife abbasside Al Mahdi.
En 776, une armée maghrébine fidèle aux Abbassides débarque en Al-Andalus pour faire revenir Al-Andalus dans le giron de l'empire abbasside.
Le gouverneur de Barcelone et de Gérone, Sulayman ibn Yaqdhan, refuse d'aider les Maghrébins et les combat.
Echec des Maghrébins.
Voir : Ibn al-Athir, Vol. VI, o.c., p.54.
49 - Dans le contexte de la rivalité entre l'empire carolingien (Chrétiens d'Occident) et l'empire byzantin (Chrétiens d'Orient),

Une fois leurs positions renforcées dans le sud de la France et leurs relations avec les Abbassides bien établies, les Carolingiens prennent alors l'initiative d'attaquer les Arabes en Al-Andalus-même.

En 777, le gouverneur de Barcelone et de Gérone, Sulayman ibn Yaqdhan, entre en rébellion contre Abd-ar-Rahman-I, l'Emir omeyyade d'Al-Andalus.

Selon Ibn al-Athir, Sulayman ibn Yaqdhan, menacé par Abd ar-Rahman-I, et Al Hussaïn ibn Yahia, le gouverneur de Saragosse (774-781), envoient une délégation au roi franc Charles-I (futur Charlemagne) à Paderborn (Saxe).
Sulayman ibn Yaqdhan s'engage à aider les Francs à s'emparer de Saragosse, en échange d'une aide militaire[50].

Charles-I décide alors d'attaquer le nord d'Al-Andalus. En 778, l'armée de Charles-I traverse les Pyrénées et se dirige vers Saragosse.
Elle trouve les portes de la ville closes.

=pour un empire chrétien «universel», Charlemagne noue des relations avec le khalife abbasside Haroun ar-Rachid.
Les intérêts des deux hommes convergent puisque le khalife affronte la dissidence d'Al-Andalus.
Henri Pirenne déclare que le khalife abbasside Haroun ar-Rachid, désireux de gagner Charlemagne à sa lutte contre Al-Andalus, «confie» à celui-ci le tombeau du Christ, en même temps qu'il lui concède l'autorité morale sur la population chrétienne de Palestine.
Voir : Henri Pirenne, De Mahomet à Charlemagne, 1937, 258 p., p.123.
En définitive, ni Charlemagne n'arrive à « contenir » l'empire byzantin, ni le khalife à ramener l'Andalus dans le giron des Abbassides.
Les deux hommes se contentèrent d'échanger des ambassades et des cadeaux (un éléphant et une horloge au mécanisme actionné par l'eau sont offerts par le khalife à Charlemagne).
50 - Le projet du gouverneur de Barcelone et de Gérone échoue. Le gouverneur meurt en 780.
Voir : Ibn al-Athir, Vol. VI, o.c. p.64.

Le gouverneur de Saragosse, Al Hussaïn ibn Yahia, a été remplacé entre-temps.
Charles-I emprisonne Suleyman ibn Yaqdhan rendu responsable de l'échec du siège de Saragosse.
(Suleyman ibn Yaqdhan sera libéré par une action de ses enfants lors du retour de l'armée franque en France).

Menacés d'une intervention de l'Emir omeyyade, les Francs lèvent le siège de Saragosse et regagnent la France.

Sur le chemin du retour, l'armée de Charles-I saccage la ville de Pampelune (Al-Andalus)[51].
En effet, les Basques, soucieux de rester en dehors de la domination franque, s'étaient enfermés dans Pampelune.

L'arrière-garde de l'armée commandée par Roland (le neveu de Charles-I), est piégée par le nouveau gouverneur de Saragosse.
Pour se venger, les Basques contribuent à l'écrasement de l'arrière-garde.
« Les Basques, alliés occasionnels des musulmans depuis le sac de Pampelune, laissèrent le gros des troupes (franques) s'y engager et attendirent le passage de l'arrière-garde, à qui des otages avaient été imprudemment confiés »[52].

La bataille a lieu à Roncevaux le 15 août 778.
L'arrière garde de l'armée franque est décimée et Roland est mort sur le champ de bataille.
L'échec de l'armée franque ainsi que la mort de Roland à Roncevaux représentent l'une des plus lourdes

---

51 - Pampelune, ville basque occupée par les Arabes au 8ème siècle, perdue en 778.
52 - Sénac Philippe, Musulmans et Sarrasins, le sycomore, Paris, 1980, 146 p., p.31.
Les otages sont libérés au cours de l'opération.

défaites militaires de Charles-I (futur Charlemagne).

Plusieurs siècles après la défaite de Roncevaux, la Chanson de Roland « gomme » les Basques de l'alliance (musulmans-Basques) et la mort de Roland devient le symbole de l'affrontement entre chrétiens et musulmans : on est en pleine Première Croisade qui commence à la fin du XIème siècle[53].

Nous avons vu ci-dessus que Pépin le Bref avait rejeté l'offre de trêve proposée par l'Emir omeyyade Abd-ar-Rahman-I, et voici que 30 ans plus tard, c'est Charlemagne qui propose à l'Emir omeyyade Al-Hakam-I (796-822) une alliance par mariage et une trêve.

Al-Hakam-I accepte la seconde offre et ne répond pas à la première.
Une trêve de 2 ans est signée en 810 entre Charlemagne et Al-Hakam-I[54].

En conclusion, les Arabes ne quittent pas la France après leur défaite de Narbonne en 759.
Ils restent dans le Dauphiné, à Nice et dans les Alpes, tout au long des règnes de Pépin Le Bref et de Charlemagne.
Ils resteront en France jusqu'au 10ème siècle, quand ils renouvelleront leurs incursions en Provence et s'avanceront dans le Piémont italien et la Suisse.

Fin du Chapitre_2

---

53 - La Chanson de Roland est une chanson de geste du XIème siècle.
54 - Al-Maqqari at-Tilimçani Ahmad, Nafh al-tib min ghusn al-Andalus al-ratib wa-dhikr waziriha Lisan al-Din ibn al-Khatib (Exhalation de la douce odeur du rameau vert d'al-Andalus et histoire du vizir Lisan ed din ben al-Khatib), c'est une histoire d'Al-Andalus (première partie) et une biographie, 8 volumes, Vol. I, p.330-331.

Cruche en terre cuite jaune trouvée dans une tombe à Sigean près de Narbonne (Photo de Jean Lacam)

Chapitre_3 : Comportement et administration arabes dans les régions occupées du sud de la France. Echanges commerciaux

Les Arabes appliquent aux populations du sud de la France les mêmes principes en usage chez les populations conquises non musulmanes.
Les populations du sud de la France continuent de pratiquer leur religion et de garder leur propre administration.

Quand l'Emir 'Anbaça (721-725) occupe Carcassonne en 725, les habitants cèdent, pour établir la paix, la moitié des dépendances territoriales de la ville aux Arabes, libèrent les prisonniers arabes qui étaient retenus dans la ville, payent la *djizia* (tribut qui pèse sur les individus non-musulmans) et s'engagent à respecter les lois qui gèrent les populations non musulmanes en terre d'islam[55].

« Les Sarrasins, dit Reinaud, avaient respecté la religion du pays, et ils avaient laissé aux habitants des chapelles et des églises pour exercer leur culte; il était de plus resté des ecclésiastiques pour desservir ces églises »?[56].

L'Emir 'Anbaça avait une bonne réputation, y compris parmi les chrétiens.

Selon Isidore de Beja[57], cité par Chakib Arslan, les conquêtes de l'Emir 'Anbaça sont marquées davanta-

---

55 - Ibn al-Athir, Al Kamil fi at-ta'rikh (La totalité dans l'histoire), 10 volumes plus 1 volume index, Beyrouth, 1982, vol. V, p.136.
56 - Joseph Reinaud (1795-1867), Invasion des Sarrasins en France et de France en Savoie, au Piémont et en Suisse, pendant les 8ème, 9ème et 10ème siècles, d'après les auteurs chrétiens et mahométans, Paris, 1886, 324 pages, p.274.
57 - Evêque de Beja contemporain de la conquête arabe de la Péninsule Ibérique. Beja est située dans l'actuel Portugal.

ge par l'adresse et la prouesse que par la force et la violence[58] et « son équité rassemblait dans une même justice, musulmans, chrétiens et juifs, qui tous étaient pesés dans sa balance avec une égale impartialité »[59].

Sous l'Emir 'Oqba (734-740) les populations chrétiennes appliquent leur propre législation.
Et c'est ainsi qu'après 737 les Goths du Languedoc ont leurs propres comtes qui sont cependant privés de toute juridiction militaire[60].

Les auteurs arabes, ainsi que les auteurs chrétiens, parlent des ravages provoqués par les expéditions arabes, en particulier en Aquitaine et au Languedoc.
Alors qu'en Provence, les Arabes, alliés des Chefs provençaux, appliquent avec les populations chrétiennes une politique plus souple qu'ailleurs.

Il faut remarquer enfin, que les pèlerins et les marchands pouvaient se rendre librement en Egypte, en Syrie et dans d'autres pays musulmans[61].

Il existait des échanges commerciaux entre le sud de la France et des pays arabes.
C'est ainsi qu'à Arles, on mentionne au début du 9ème siècle l'existence de dépôts de marchandises venant d'Orient (perles, cuirs, draps). Les transactions se faisaient en monnaies arabes.

L'arrivée de marchandises à Arles se faisait par Mar-

= La chronique de cet évêque est intéressante car elle donne la version chrétienne d'un contemporain.
58 - Chakib Arslan, Histoire des expéditions arabes en France, en Suisse, en Italie et dans les îles méditerranéennes, (en arabe), Beyrouth, sans date (introduction datée de 1933), 310 pages, p.73.
59 - La bataille de Poitiers, par Jean-Henri Roy et Jean Deviosse, Paris, 1981 (1ère édition : 1966), 350 pages, pp. 155-156.
60 - Reinaud, o.c., p. 271-272.
61 - Ibid., p.63 et 284.

seille, Narbonne et Grimaud[62].
« Par Narbonne, le commerce avec l'Égypte était très prospère : exportation de miel, vin, étoffes, importation d'épices et de produits fabriqués très goûtés par l'Europe médiévale[63].

Les impôts

S'agissant des impôts, c'est l'Emir As-Samah (719-721) qui, le premier, étend au Languedoc en 720 les règles en usage en Al-Andalus.

En Languedoc, l'Emir distribue aux guerriers et aux familles arabes pauvres une partie des terres occupées. Le reste étant laissé au fisc[64].

Les conquêtes de l'Emir 'Anbaça ont fait doubler les rentrées d'impôts par rapport aux années précédentes.

En règle générale les Arabes respectent la propriété privée des populations. Ils s'emparent par contre, des biens des églises et de ceux qui quittent le pays.
Lorsque le pays est occupé par la force, sa population est soumise à un tribut double de celui exigé d'un pays qui se soumet[65].

Fin du Chapitre_3

---

62 - Lacam Jean, Les Sarrasins dans le Haut moyen âge français, Paris, 1965, 217 pages, p.206.
63 - Ibid., p.207.
64 - Reinaud, o.c., p.279.
65 - « Quand un pays se soumettait de lui-même, les vainqueurs respectaient les propriétés et le culte établi ».
« Seulement ils s'emparaient d'une partie des églises qu'ils convertissaient en mosquées, et prenaient les richesses des églises, les terres vacantes, et les biens dont les propriétaires s'étaient expatriés... Pour les pays qui ne s'étaient soumis qu'à la force, ils étaient exposés à toute la violence de la conquête, et le tribut qui leur était imposé s'élevait au double des autres ». Voir : Ibid., p.8.

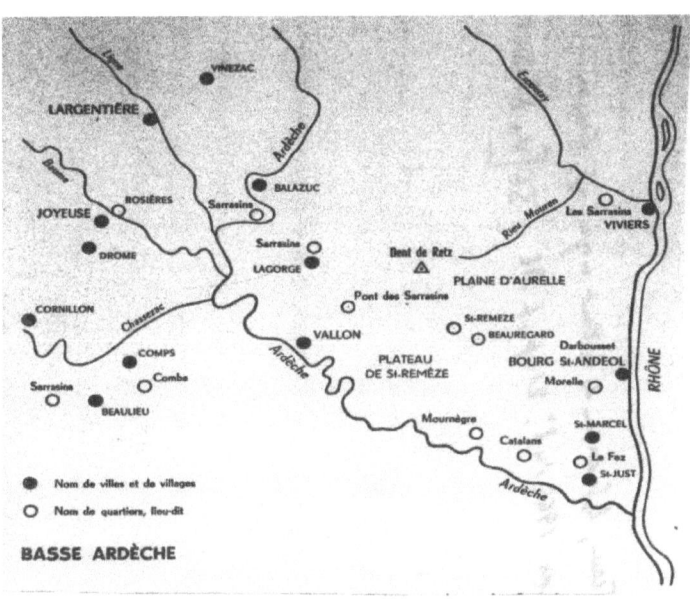

Le Vivarais (entre les vallées de l'Ardèche et du Rhône)
Source : Lacam Jean, Les Sarrasins dans le Haut moyen âge français, Paris, 1965.

Chapitre_4 : Populations arabes rescapées suite à la défaite arabe de Poitiers (732) et à la chute de Narbonne (759)

§§§

1-Lieux-dits et populations arabes
2-Esclaves dans les mines des Cévennes

§§§

1-Lieux-dits et populations arabes

De nombreux lieux en France témoignent jusqu'à nos jours du passage ou de la présence des Arabes dans ce pays du 8ème au 10ème siècle.
Ces lieux évoquent les temps passés, à travers leurs noms ou les vestiges qui s'y trouvent.

Il s'agit de lieux de batailles livrées par les armées arabes et franques : batailles dans le Languedoc-Roussillon (La Berre près de Narbonne, Sijean, La Montagne noire, Les Corbières), batailles dans la vallée du Rhône et en Ardèche, etc.

Il s'agit également de lieux de résidence forcée pour les Arabes (mines des Cévennes et de l'Ardèche) ou de cités où vécurent jadis ces Arabes.

Nous avons beaucoup plus d'information sur les lieux de résidence forcée puisque l'habitat y est concentrationnaire, donc contrôlé.

Quant aux autres lieux de résidence, on ne peut qu'avancer des hypothèses sur le devenir de leurs populations : se sont-elles fondues dans les populations autochtones, sont-elles retournées en Al-Andalus après la fin de l'occupation arabe ou ont-elles disparu dans les maquis après leurs défaites ?

Chakib Arslan rapporte que le professeur Dalmas, de la faculté de médecine de Montpellier a donné, à la fin du 19ème siècle, une conférence sur les Arabes.
Il dit :
«Les Arabes arrivèrent dans la ville de Maguelone, non loin de Montpellier. Charles Martel les en chassa avant de brûler la ville afin qu'ils n'y retournent plus».

Le professeur Dalmas déclare également que durant leur présence dans cette ville, les Arabes vendaient des livres de médecine, et que des médecins arabes y étaient venus et y exerçaient leur métier[66].

On parle aussi de populations installées dans le Bigorre, ainsi que de populations rescapées de la défaite de Poitiers en 732[67].

---

66 - Le professeur Dalmas souligne l'importance de cette implantation dans la vocation future de la médecine dans cette région (Université de Montpellier). Il dit aussi qu'il existe dans le musée de l'Université des pièces trouvées à Maguelone portant des versets du Coran et des formules arabes.
Voir : Chakib Arslan, Histoire des expéditions arabes en France, en Suisse, en Italie et dans les îles méditerranéennes, (en arabe), Beyrouth, (sans date, Introduction datée de 1933), 310 p., p.236.
67- On dit que les habitants du bord de la Saône, entre Mâcon et Lyon, surtout sur la rive nord seraient des descendants de soldats d'un camp arabe coupé du gros de l'armée après la défaite de Poitiers. Et on dit qu'ils ont des coutumes et utilisent des termes spécifiques qui seraient d'origine arabe.
Voir :
- Joseph Reinaud (1795-1867), Invasion des Sarrasins en France et de France en Savoie, au Piémont et en Suisse, pendant les 8-ème, 9-ème et 10-ème siècles- d'après les auteurs chrétiens et mahométans, Paris, 1886, 324 pages, p.302-303.
- Arslan, o.c. p.239.
D'autre part, il y a une opinion qui rattache aux invasions arabes des populations installées dans le Bigorre et dans les contrées voisines et qu'on appelle *Cagots*, terme qui viendrait de *caas-goths* (chasseurs de Goths). Cette opinion est rejetée catégoriquement par Reinaud. Voir : Reinaud, o.c. p.304.
A propos des Cagots, voir : +Francisque MICHEL, Histoire des races maudites de la France et de l'Espagne, 2 volumes, 1847.
+Gilbert Loubès, L'énigma des Cagots, Editions Sud-Ouest, 1998, 128 p.

Quant aux populations dont on retrouve les descendants dans les villages de la basse Ardèche, elles se composent de soldats échappés aux massacres de St-Just et de la plaine d'Aurelle, massacres perpétrés par Charles Martel en 737.
Ainsi s'explique la persistance de leurs patronymes a-adaptés à la langue du pays.

Dans d'autres cas, ces soldats échappés aux massacres se sont perdus dans la population ardéchoise.
Exemple : Village de Balazuc en Ardèche occupé par les Arabes où « le type maure demeure encore très accentué »[68].

2-Esclaves dans les mines des Cévennes

Après 737, Charles Martel fait de nombreux prisonniers arabes.

Ceux-ci sont installés dans des camps de concentration sur les gisements des Cévennes et de ses abords (mines de fer de Vinezac, mines d'argent de Thines appelées autrefois Maurines, Vallées de la Ligne, du Chassezac) où on trouve encore de nombreux toponymes arabes[69].

---

68 - Lacam Jean, Les Sarrasins dans le Haut moyen âge français, Paris, 1965, 217 pages, p.96.
69 - « La fondation de la ville de Joyeuse est le résultat de l'occupation après 737 du camp arabe récupéré, au quartier dit du Pouget, faubourg Est de Joyeuse ».
« Le camp de Largentière est fondé en 737: le humble hameau qui se trouve au voisinage des mines se transforme en un vaste camp de concentration pour les captifs arabes, les plus récalcitrants étant employés dans les mines, les autres, employés pour des travaux a-gricoles ou artisanaux suivant la compétence de chacun ».
Voir : Ibid., p.92.
Les noms donnés aux quartiers de Largentière depuis l'origine et connus aujourd'hui sous les noms de « Sarrasins » et de « Ségalières » au bord de la rivière, attestent de la présence des nombreux prisonniers arabes travaillant dans les mines.
Voir : Ibid., p. 92-93.

Les Arabes, qui ont occupé la région des mines pendant 18 ans ont dû, pour exploiter les gisements, faire travailler des prisonniers chrétiens.
Et puis voilà qu'ils se trouvent eux-mêmes captifs parqués dans les mêmes lieux pour y travailler sous étroite surveillance.

Du temps de Charles Martel et de Pépin le Bref, les captifs arabes n'étaient pas obligés d'abjurer leur religion; ce qui importait pour les Chefs francs, c'était l'extraction du métal[70].

La Septimanie[71] reçoit elle aussi des captifs arabes.

En 793, lorsque l'Emir omeyyade Hicham-I (788-796) attaque Narbonne, les captifs arabes trimant dans les mines se soulèvent, notamment après la défaite du Comte de Toulouse sur les bords de l'Orbieu[72].

Les captifs esclaves des mines du Rouergue seraient soulevés eux aussi en 793.

---

70 - Lacam, o.c. p.94.
Voir également Joseph Reinaud, o.c., p. 58-60.
71 - La Septimanie, région appelée ainsi parce qu'elle comprend *sept* villes importantes : Narbonne, Nîmes, Agde, Béziers, Lodève, Carcassonne et Maguelone.
72 - Il s'agit de l'intervention contre Narbonne, sous l'Emir omeyyade d'Al-Andalus, Hicham-I en793.
'Abd-al-Karim ibn Moughith commande l'expédition. Mais les Arabes ne peuvent pas s'installer à Narbonne comme la première fois, 70 ans auparavant.
Aucune autre expédition arabe ne sera menée en Septimanie.
-Voir: Al-Maqqari at-Tilimçani Ahmad, Nafh al-tib min ghusn al-Andalus al-ratib wa-dhikr waziriha Lisan al-Din ibn al-Khatib (Exhalation de la douce odeur du rameau vert d'al-Andalus et histoire du vizir Lisan ed din ben al-Khatib), c'est une histoire d'Al-Andalus (première partie) et une biographie, 8 volumes, Vol. I, p.337-338.
-Voir aussi : Ibn Khaldoun Abd-ar-Rahhman (1332-1406), Kitab al 'ibar...-(Le Livre des exemples ou Livre des considérations sur l'histoire des Arabes, des Persans et des Berbères, 1375-1379), 14 volumes, Beyrouth, 1981, Dar al Kitab al-Lubnani, Vol. VII, p. 271).

Une tradition rapporte que la ville de Largentière aurait subi un siège sous Charlemagne[73] et que la révolte de cette ville se serait étendue à toutes les villes des Cévennes. La répression fut féroce[74].

Fin du Chapitre_4

---

73 - Charles-I (742-814), roi des Francs à partir de 768, couronné empereur à Rome en 800 sous le nom de Charlemagne.
74 - Lacam, o.c., p.95. Ce n'est qu'à partir de l'avènement de Louis-Le-Pieux en 814, que le sort des captifs arabes commence à s'améliorer avec le début de « l'assimilation des colonies sarrazines attachées aux mines ».
« Cette assimilation dure longtemps, la relève des captifs sarrazins étant assurée par de nouveaux captifs pas tous sarrazins ».
Ibid., p.95-96.
Louis-Le-Pieux est le fils de Charlemagne. Roi d'Aquitaine jusqu'en 814, puis empereur d'Occident de 814 à sa mort en 840.

Cruche en terre cuite jaune trouvée près de Carcassonne
(Photo de Jean Lacam)

Chapitre_5 : Vestiges arabes dans le Languedoc, le Roussillon, la vallée du Rhône et le Vivarais (Ardèche)[75]

(Dans ce chapitre nous faisons largement référence aux travaux archéologiques de Jean Lacam, publiés en 1965).

§§§

1-Influence arabe
2-Prospections dans le Languedoc-Roussillon
3-Prospections dans la vallée du Rhône et dans le Vivarais (Ardèche)

§§§

1-Influence arabe

A propos de l'influence des Arabes en France, Joseph Reinaud (1795-1867) se pose la question de savoir pourquoi leur souvenir est resté si présent.
Il pense que « la cause, la véritable cause d'un fait si singulier, c'est l'influence qu'exercèrent au moyen-âge les romans de chevalerie et qui s'est maintenue plus ou moins jusqu'à nos jours »?[76].
Et ces mêmes romans sont le plus souvent d'inspiration arabe[77].

---

[75] - De nombreux villages du sud de la France furent détruits par les Arabes. Ce qui expliquerait le fait qu'après leur départ les vainqueurs ont rasé les villages créés par les Arabes : d'où la difficulté de retrouver leurs traces.
[76] - « Presque chaque ville du midi de la France et de l'Italie fut censée avoir eu son Emir et son prince sarrazin, ne fût-ce que pour ménager aux preux de la chrétienté le mérite de les déposséder ». Joseph Reinaud, Invasion des Sarrasins en France et de France en Savoie, au Piémont et en Suisse, pendant les 8-ème, 9-ème et 10-ème siècles- d'après les auteurs chrétiens et mahométans, Paris, 1886, 324 p., p.311-314.
[77] - Pour comprendre le substrat des récits épiques, il faut avant tout consulter les textes arabes, in Naissance et développement de la chanson de geste en Europe, par A. de MANDACH, Paris/Genève, 1961, cité dans : Literatura arabe y literatura francesa en la edad media (Littérature arabe et littérature française au Moyen-Age), par

Joseph Reinaud signale en outre, comme conséquence de l'occupation arabe, l'influence de la langue arabe sur la formation des langues d'oc et d'oïl[78].

(Langue d'oc : langue parlée dans le sud de la France, Langue d'oïl : langue parlée dans le nord de la France)

§§§

2-Prospections dans le Languedoc-Roussillon

Au début des années 50 du 20ème siècle, Jean Lacam entreprend des recherches archéologiques à Narbonne dans la cour de la Madeleine, près de la Cathédrale.

Il met au jour les vestiges d'une mosquée construite par les Arabes entre 712 et 759 ainsi que 3 tombes arabes.

= Alvaro Galmes de Fuentes, Sharq Al-Andalus - Estudios, Alicante, n°7 (1990), pp. 37-53, p. 39.
78 - « C'est vers les derniers temps d'occupation des Sarrasins en France, que commencèrent à se former la langue d'oc et la langue d'oil ; la langue latine n'existait plus que dans les livres, et la langue germanique était tombée en désuétude ».
« L'influence arabe dut s'exercer principalement sur la langue d'oc, commune aux peuples du midi de la France et de la Catalogne, d'abord parce que ce furent les pays où les Sarrasins se maintinrent plus longtemps ; de plus, parce que la littérature des troubadours paraît avoir précédé les autres littératures de l'Europe moderne ».
« Mais cette influence ne dut devenir vraiment sensible qu'après l'entière expulsion des Arabes du sol français. Les monuments de la littérature romane qui nous sont parvenus, sont tous postérieurs à la première moitié du dixième siècle ; ... ».
Voir : Joseph Reinaud (1795-1867), Invasion des Sarrasins en France et de France en Savoie, au Piémont et en Suisse, pendant les 8-ème, 9-ème et 10-ème siècles- d'après les auteurs chrétiens et mahométans, Paris, 1886, 324 pages, p.306-307.
Voir également :
Annexe (p.118) : Mots occitans d'origine arabe (noms, adjectifs, verbes, etc.).

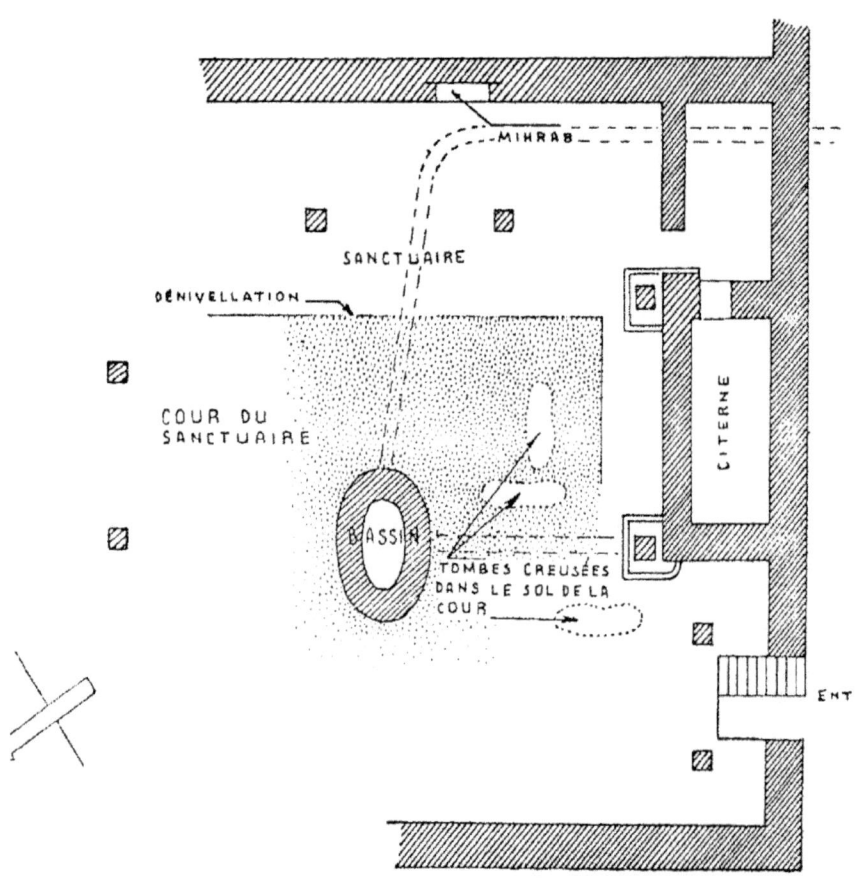

Plan de la mosquée de Narbonne (Dessin de J. Lacam)
Source : Jean Lacam, Les Sarrasins dans le Haut moyen âge français, Paris, 1965.

La mosquée est construite dans une partie de l'église St-Rustique[79].

---

79 - Jean Lacam, Les Sarrasins dans le Haut moyen âge français, Paris, 1965, 217 p., p.45.
Jean Lacam, l'auteur des fouilles se pose la question de savoir si le clocher (à l'opposé du mihrab) de l'église carolingienne, appelé traditionnellement "Tour Moresque", n'est pas l'ancien minaret qui n'avait pas été détruit comme l'avait été la mosquée.

Les recherches archéologiques mettent aussi au jour de la céramique (fragments de poteries en terre cuite jaune paille et rouge orangé) dans la Cour de la Madeleine à Narbonne, dans le plateau de Sijean et dans le camp d'Alzonne près de Carcassonne, ainsi que des traces d'usage de la poterie à glaçure, et des fragments de récipients de verre datés du 8ème siècle [80].

S'agissant des pièces de monnaies arabes, Joseph Reinaud dit, au milieu du 19-ème siècle, « que ce qui reste des premières invasions des Sarrasins, ce sont des médailles arabes qui servirent de monnaie »[81].
En effet, des pièces de monnaies sont découvertes à Narbonne, Crèze (près de Carcassonne), Perpignan, etc[82].

= Dans les tombes mises au jour lors des fouilles de septembre-octobre 1952, les têtes des squelettes sont orientées Est-Sud-Est, c'est à dire dans les mêmes dispositions que dans les pays musulmans. Voir : Lacam, o.c., p.56-59.
80 - « Les fours utilisés à Narbonne à cette époque, type de four à flamme oxydante (four romain), étaient vraisemblablement construits par les Arabes ». Ibid. p.59-64 et 68.
81 - Reinaud, o.c., p.291.
82 - Lacam, o.c., p.70. Lorsque le premier Emir d'Al-Andalus, Mouça Ibn Nussayr, arrive à Tolède il fait frapper des pièces de monnaies à son nom en latin.
On possède aussi une monnaie datée de 717 avec une légende latine sur une face et arabe sur l'autre.
Monnaies trouvées dans le Languedoc :
- dirham avec formule coranique frappé à Taimara (Iran) daté de 714 trouvé à Bizanet, près de Narbonne, en 1856.
- dirham avec formule coranique, frappé en Al-Andalus et daté de 793 est trouvé en 1943 à Marseillette, près de Carcassonne (la date de 793 correspond à l'assaut des troupes arabes contre Narbonne sous Hicham-I, Emir omeyyade d'Al-Andalus).
- on parle d'une monnaie frappée à l'effigie de l'Emir 'As-Samah.
- d'autres monnaies de petit module trouvées dans le sous-sol de Narbonne datant du 8ème siècle ont dues être frappées à Narbonne.
- monnaie en bronze à légendes arabe et latine frappée au Maghreb datée de 716 trouvée en 1943 à Douzens à mi-chemin entre Narbonne et Carcassonne.
- dirham avec formule coranique, frappé à Istakhr (Iran), daté de 715 trouvé en 1943 à Crèze, près de Carcassonne.

Dans un tout autre domaine, l'Emir 'Oqba (poursuit vers 734 la construction d'an-nariyyates (tours à feu) dans le sud de la France[83].

Sur les bords de la Berre (étang de Bages-Sigean), non loin de Narbonne, a eu lieu la bataille de la Berre (737) entre Charles Martel et les Arabes[84]. Dans une éminence appelée, Pech Maho, (observatoire du commandant arabe Omar Ibn-Khalid) et dans les vignes du plateau de Gratias, de nombreux tessons intéressants sont découverts.
Et sur le plateau des Cavettes se tenait le camp arabe[85].

Dans le Roussillon, un cimetière se trouve à 2 kms du Prieuré de Serrabone, appelé « Cimetière des Mau-

---

= D'autres monnaies sont découvertes à Perpignan :
- dinar à légendes arabe et latine daté de 714 (trouvé à Perpignan en 1841).
- un dinar daté de 740.
- un dirham daté de 762.
- un dirham daté de 773.

83 - C'est l'Emir As-Samah (719-721) qui entreprend la construction de ces tours à feu en France en même temps qu'il les développe en Al-Andalus.
En effet, les Arabes avaient développé un système de tours d'observation et de communication construites entre Alexandrie (Egypte) et Tanger (Maroc). En allumant des feux dans ces tours les uns après les autres, en une nuit, on pouvait transmettre une information de Tanger à Alexandrie.
Voir : Chakib Arslan, Histoire des expéditions arabes en France, en Suisse, en Italie et dans les îles méditerranéennes, (en arabe), Beyrouth, (sans date, Introduction datée de 1933), 310 p., p.237-238.

84 - Bataille de la Berre (737) entre Charles Martel et l'armée arabe envoyée par l'Emir 'Oqba et commandée par Omar Ibn-Khalid, venue soulager Narbonne assiégée par les troupes de Charles Martel.
L'armée arabe est vaincue et son commandant est tué. La même année, Charles Martel, faute de moyens, lève le siège de Narbonne.

85 - Dans tous ces lieux cités, on a trouvé des tombes appartenant à des Arabes identiques à celles trouvées dans la cour de la Madeleine à Narbonne. Voir : Lacam, o.c., p.74.

res »[86].

L'église de Planès, dans les Pyrénées Orientales, est appelée par les gens du pays la « Mesquita » (la Mosquée)[87].

Il ne faut pas oublier les églises de l'Ecluse et de St Martin des Puits[88].

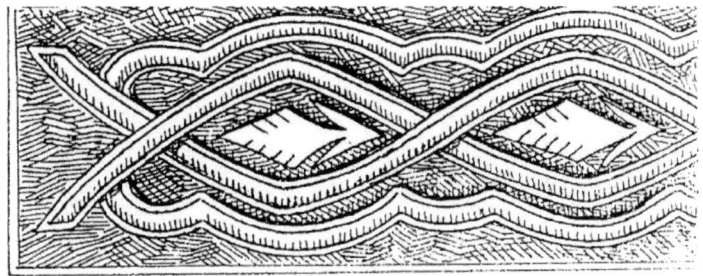

Chapiteau (Eglise de l'Ecluse, Roussillon)
Jean Lacam, Les Sarrasins dans le Haut moyen âge français, Paris, 1965, 217 p.

---

86 - On pense que les Arabes, repoussés vers la localité Serrabone, enterrèrent leurs morts pas loin du Mont Rouge et plus loin, au Mas d'Azil. Voir : Lacam, o.c., p.78.
87 - Elle serait l'œuvre d'un architecte arabe.
Ibid., p.78-81.
88 - L'église de l'Ecluse, particulière quant à son architecture, se trouve dans le village de l'Ecluse, à 5 km du Boulou, sur la route allant de Perpignan au Pertus. Ses motifs décoratifs ressemblent bien à ceux qui ornent les mosquées de l'époque omeyyade. A l'intérieur de cette église, on remarque une inscription arabe conservée jusqu'à nos jours. Ibid., p.81-84).
Dans l'église de St Martin des Puits dans les Corbières (Languedoc-Roussillon) sont découverts en 1957 des décors avec des motifs qui se répètent et qui représenteraient des caractères coufiques.
Ibid., p.84-85 et 87.

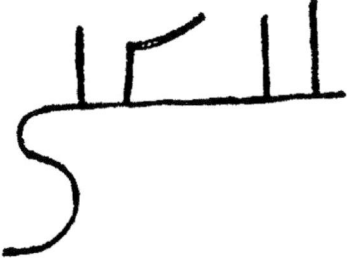

Inscription arabe (église de l'Ecluse, Roussillon). Dessin de Jean Lacam

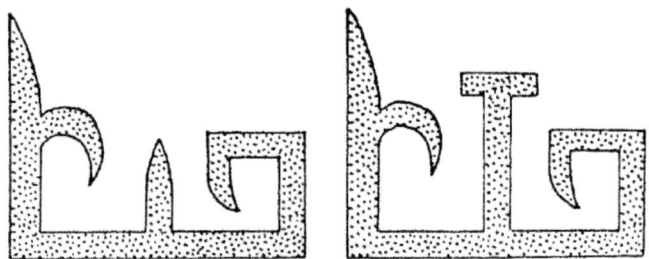

Église de St Martin-des-Puits (Corbières)
Fragment d'épigraphie relevé derrière l'autel (Dessin de Lacam)

3-Prospections dans la vallée du Rhône, l'Ardèche, les Cévennes, le Gard, l'Hérault, etc.

En 734, Avignon devient pour les Arabes une base dont dépendent des camps installés dans le Vivarais (Ardèche) :

+ Au nord du département de l'Ardèche, près d'Andance, le ribât (camp en arabe) est au sommet de la colline du Castellet, au lieu-dit La Sarrazinière ;
+ Entre Viviers et la basse Ardèche se trouverait le camp arabe retranché au sommet de la Dent de Rez ;
+ Enfin le camp le plus avancé des Arabes parait avoir été Le Pouzin[89].

Sur le Rhône et au sud du Pouzin, il y a Rochemaure, qui aurait été occupée par les Arabes. Près de Viviers, au lieu-dit « Les Sarrasins ».

Plus à l'ouest du Rhône non loin du village de Vallon et sur les affluents : Le Chassezac, la Baume et la Ligne, il y eut de nombreux endroits aux bords de ces rivières où des camps de défense arabes furent installés. Là on se trouve vers les contreforts des Cévennes.
Au passage de ces trois affluents on retrouve des vestiges arabes :
à Rosières, au passage de la Baume, au lieu-dit Chon de Regi (Champ du Roi) on a trouvé en labourant des champs des débris d'armures et d'armements[90].
Dans la plaine de Beaulieu, on a trouvé des ossements et des débris d'armes au lieu-dit « Sarrasins » dans la commune de Berrias[91].

Les Arabes ont occupé également le château et le village de Cornillou en 734 et 737.

---

89 - Lacam, o.c., p.87.
90 - Ibid., p.89.
91 - Ibid., p.90.

Voir : Carte (p.47)

Le Vivarais (entre les vallées de l'Ardèche et du Rhône)
Source : Lacam Jean, Les Sarrasins dans le Haut moyen âge français, Paris, 1965.

A St-Marcel on parle d'un cimetière de chevaux[92].
A l'est de St-Marcel et sur les bords du Rhône, sur la colline de Brancas, on a trouvé des poteries décorées de cercles concentriques.
Des enquêtes faites à « St-Just, St-Marcel, Bidon et St-Remèze montrent l'emplacement de la bataille qui aurait eu lieu dans la plaine d'Aurelle ».

Autour du plateau de St-Remèze, il y a :
- le village de Rieumourenc ;
- le lieu-dit Sarrazin dans le vallon de Conspié, à l'ouest de Viviers ;
- le lieu-dit Sarrazin à Lagorce, qui s'appelait elle-même autrefois « Sarrazin » ;
- un pont « Sarrazin » à côté de Vallon ;
- lieu-dit La Morelle ;
- un quartier Mournègre, au voisinage de St-Jean d'Artignan.

Dans cette région, la patronymie et le type arabes évoquent les temps passés[93].

Plus au sud, dans le Gard, la tradition locale du Vigan (sud du Rouergue) dit que « les Sarrasins arrivèrent par le nord du côté de Mandagont, qu'ils descendirent sur le Vigan par le col qui a gardé leur nom, le col de Mourèzes, qu'ils forcèrent la ville et la détruisirent ».

Plusieurs noms autour de Le Vigan rappellent la présence arabe : *Camp Sarrazi*, *Le Mas de Régis* qui aurait été l'habitation du « roi des Arabes ».
Des armes de cette époque sont trouvées autour de la ville.

---

92 - Lacam, o.c., p.91.
93 - « A Lagorce, à Vallon ; dans tous les hameaux voisins des gorges de l'Ardèche ; à St-Martin; à St-Just; à St-Marcel-d'Ardèche, les Saladin, les Morni, les Eldin et ses dérivés Leldin et Deldin abondent. Ces patronymes ainsi que Sarrasins et Allamel ont gagné le reste du bas Vivarais, mais au voisinage de la basse Ardèche et du bas Chassezac, ils sont en bien plus grand nombre ».
Ibid. p.93-94.

La vallée de la Vis (dans Le Gard et L'Hérault), orientée vers Narbonne et l'Espagne a porté longtemps le nom de « Route des Invasions »[94].

Dans les Cévennes, à Vallée Française, la tradition rapporte l'existence de combats contre les Arabes dans les environs[95].

D'autres patronymes évoquent les Arabes en France : *Sarrazin* dans le sud-ouest, *Neyra*t en Auvergne, *Brune*t sur le Rhône, vers Marseille, *Noir* en Rhône-Alpes et au Centre, *Turquant* au Cap Corse, *Mohr* et *Schwartz* en Alsace[96].

Fin du Chapitre_5

---

94 - Lacam, o.c., p.96-97, citant Pierre Gorlier, «Le Vigan à travers les siècles », 1955.
95 - Il y avait une imprégnation « sarrazine » très marquée dans certains hameaux accrochés aux pentes de la vallée. Existence de deux lieux de combats : « Fez Rolland » et « Fès Begnon ». De plus, pendant des siècles les habitants de Vallée Française ne payèrent pas la taille en remerciement de leur participation à la lutte contre les Arabes, Ibid. p.97.
96 - Les Sarrasins à travers les Alpes : fouilles et glanes dans l'histoire musulmane, J.Pierre Sandoz, Stäfa 1993, 96 p. (traduit de l'allemand), p.27.

Deuxième Partie

§§§

Les Arabes en Provence
(fin du 9ème siècle - 10ème siècle)

§§§

L'actuel golfe de St-Tropez, appelé autrefois golfe de Grimaud

Chapitre_6 : Débarquement des Arabes en Provence, fin du 9ème siècle[97]

Vers 889-890, le Dauphiné et la Provence dépendent de Boson, comte d'Arles (885-936)[98].
Et l'Emir omeyyade 'Abd-Allah Muhammad (888-912) règne sur Al-Andalus.

Selon Liutprand[99], entre 891 et 894, une vingtaine de « pirates andalous » débarquent dans une crique du golfe *Sambracinatus*, l'actuel golfe de St-Tropez, appelé autrefois golfe de Grimaud[100]. Ils retournent à Al-Andalus après avoir réuni des renseignements sur la région.
Les Arabes reviennent, plus nombreux et armés, et s'installent dans le « Fraxinet », l'actuel « Massif des

---

[97] - Les sources historiques contemporaines de cet événement qui a touché la Provence à la fin du 9ème siècle ne sont pas nombreuses.
Citons quelques sources :
+Al-Himyari, géographe arabe (mort vers l'an 900).
+Al-Istakhri, géographe persan (mort en 957).
+Les Annales de Flodoard (de 919 à 966), par Flodoard de Reims (894-966), historien et chroniqueur de l'époque carolingienne.
+L'Antapodosis de Liutprand de Crémone (Italie) (920-972), écrit entre 956 et 958.
+Ibn Al-Qutiyya (mort en 977).
+Ibn Hawqal géographe arabe (mort en 988).
[98] - Le partage de l'empire carolingien qui rattache la Provence à la Lotharingie contrarie les Provençaux qui déclarent leur indépendance en 887.
(Lotharingie : Royaume constitué en 855, il s'étend de la mer du Nord aux Alpes, entre la Meuse, l'Escaut et le Rhin).
C'est dans ce climat qu'a lieu le débarquement des Arabes en Provence à la fin du 9ème siècle.
[99] - Liutprand de Crémone (920-972) est né à Pavie (Lombardie-Italie). Prêtre, diplomate, historien.
[100] - Le nom de Grimaud, connu depuis le 10ème siècle dérive de Gibelin de Grimaldi qui reçut de Guillaume-I de Provence la baronnie du Val-Freinet, en récompense de ses exploits contre les Arabes. Gibelin y établit sa résidence dans une des habitations que les Arabes avaient fondées.
Voir : Jean Lacam, Les Sarrasins dans le Haut moyen âge français, Paris, 1965, 217 pages, p.125.

Maures».

§§§

1- Description du Fraxinet ou Massif des Maures selon des sources arabes
2- Description du Fraxinet ou Massif des Maures selon des sources franques

§§§

1-Description du Fraxinet ou Massif des Maures selon des sources arabes

a-Ibn-Hawqal, géographe arabe (mort en 988), dit que Jabal-al-Qilal (la montagne des Hautes cimes), dépend, tout comme l'île de Majorque, d'Al-Andalus. C'est ainsi que l'auteur désigne le « Massif des Maures ».
Le Massif des Maures est, à l'époque qui nous intéresse, une île, hypothèse confirmée de nos jours[101].

Ibn-Hawqal situe le Massif des Maures sur la terre des Francs.
Selon le géographe, le Massif est occupé par des mujahidines (combattants).
L'eau, la terre et l'agriculture nourrissent ceux qui s'y réfugient.

En construisant des fortifications au sommet de collines stratégiques, les Arabes empêchent les Francs de s'approcher du Massif, vu les difficultés d'accès à ces fortifications.

---

101 - Ibn-Hawqal, Kitab Surat-al-Ard (Configuration de la Terre), Beyrouth, sans date, 432 pages, p.184-185.
En effet, l'actuel village de Grimaud est entouré par les eaux.
En dix siècles de nombreux espaces sont récupérés sur la mer.
« Les vallonnements qui entourent Grimaud ... formaient donc une île rattachée à la terre par le pont des fées... ». Voir : Les Sarrasins dans le Haut moyen âge, o.c., p.126.

La longueur du Massif correspond à deux journées de marche[102].
Voilà ce que nous dit Ibn-Hawqal du Massif des Maures ou Fraxinet.

b-Quant à Al-Istakhri (mort en 957), il décrit le Massif des Maures avec ses rivières torrentueuses.
L'endroit occupé par les Arabes est inaccessible, dit-il. Ceux-ci résistent aux Francs qui ne peuvent pas les en déloger.
Al-Istakhri, tout comme Ibn-Hawqal, estime la longueur du Massif à deux journées de marche[103].

c-Voyons un autre texte relatif au Massif des Maures. Il s'agit de « Hudud al 'alam » (Les limites du monde)[104].
On y lit : « Dans la mer des Roums (il s'agit de la Méditerranée et les Roums sont les chrétiens appelés ainsi par les Arabes), se trouvent six îles à proximité du pays des Roums (pays des Francs).
« A l'ouest il y a une montagne dont on dit que personne n'a été capable d'en atteindre le sommet du fait de sa hauteur, montagne riche en gibier, bois de construction et combustible »[105].

2- Description du Fraxinet ou Massif des Maures selon des sources franques

a-Selon Liutprand, « le *Fraxinet* ou *Massif des Maures* est situé aux confins des Italiens et des Provençaux.

---

[102] - Ibn-Hawqal, o.c., p.185.
[103] - Al-Istakhri, Kitab maçalik wal mamalik (Le Livre des Itinéraires et des Royaumes), par Ibn Kordadbeh, 350 p., texte arabe édité par M.J. De Goeje dans Bibloteca geographorum arabicorum, University micro-films international, 1983, Volume I, p.70-71.
[104] - Ouvrage écrit au 10ème siècle. Auteur inconnu.
[105] - J. Pierre Sandoz, Les Sarrasins à travers les Alpes, (traduction allemande) Stäfa, 1993, 96 pages, p. 33.
Al-Andalus avait besoin de bois pour les chantiers navals de Tortosa.

Un côté du Massif est baigné par la mer, les autres sont entourés d'une forêt épineuse ».

Liutprand, ainsi que le chroniqueur de la Novalaise[106], situent le Fraxinet sur le rivage de la mer[107].

Ce que les Arabes appellent *Jabal-al-Qilal* correspond au *Fraxinet*.
En effet, au 19-ème siècle, *Jabal al-Qilal* est identifié par Joseph Reinaud, au *Fraxinet* (en Provence), dont les sommets sont inhabités avant l'arrivée des Arabes.
Le golfe de Grimaud est le seul endroit possible en Provence à propos duquel on peut rapprocher les descriptions arabes et les descriptions franques.

En s'installant en Provence, les Arabes construisent des forteresses, des forts et des châteaux.
Ils créent un port fortifié dans le golfe de Grimaud qui abritait toute une flotte.

De nombreuses bases sont implantées par les Arabes dans la région : *La Garde-Freinet, Grimaud, Cogolin, Ramatuelle, Gassin, Notre-Dame-de-Miramar,* etc.

La base-forteresse la plus importante et la plus célèbre, appelée *Fraxinet,* est construite au col du Freinet, point à partir duquel les Arabes dominent l'ensemble de la région.

On aperçoit encore des vestiges de cette base : « des portions de murs taillés dans le roc, une citerne éga-

---

106 - La Chronique de la Novalaise (composée de 1025 à 1050 par un moine de la Novalaise, abbaye détruite par les Arabes au début du 10ème siècle).
La Novalaise constituait un appui sur la route qui unissait les royaumes franc et lombard qui se préparaient à un affrontement avec les Arabes d'Al-Andalus.
107 - Poupardin René, Le royaume de Provence sous les Carolingiens (855-933), Paris, 1901, 472 pages, p. 252-253.

lement taillée dans le roc et quelques pans de murailles »[108].

Cependant, Joseph Reinaud pense que l'endroit où on suppose l'emplacement de la forteresse la plus importante (la Garde-Freinet) n'est pas exact[109].

Fin du Chapitre_6

---

108 - Joseph Reinaud (1795-1867), Invasion des Sarrasins en France et de France en Savoie, au Piémont et en Suisse, pendant les 8-ème, 9-ème et 10-ème siècles- d'après les auteurs chrétiens et mahométans, Paris, 1886, 324 pages, p. 160.
Selon Liutprand, les Arabes en arrivant sur le Fraxinet, s'étaient retranchés dans la montagne, « où ils habitaient des demeures souterraines ».
Voir : Poupardin René, Le royaume de Provence sous les Carolingiens (855-933), Paris, 1901, 472 pages, p.254.
109 -« Car la forteresse de la Garde-Freinet n'est qu'un plateau d'observation (ne pouvant pas contenir plus de 300 personnes), et que la véritable forteresse est située à une demi-lieue plus près de la mer, sur la montagne appelée aujourd'hui Notre Dame de Miramar, où l'on aperçoit encore les vestiges de larges fossés ».
Joseph Reinaud remarque par ailleurs que « la plupart des écrivains italiens modernes ont placé le lieu où s'établirent les Arabes, dans le comté de Nice, près de Ville-Franche, à l'endroit où sera bâti plus tard le château de St-Hospice ». Voir : Invasion des Sarrasins, o.c., p.159.
Pour Jean Lacam, l'hypothèse « La Garde-Freinet » semble la plus probable, car le château est à comparer au château omeyyade de Gormaz en Espagne. Voir : Les Sarrasins dans le Haut moyen âge, o.c., 136-139).

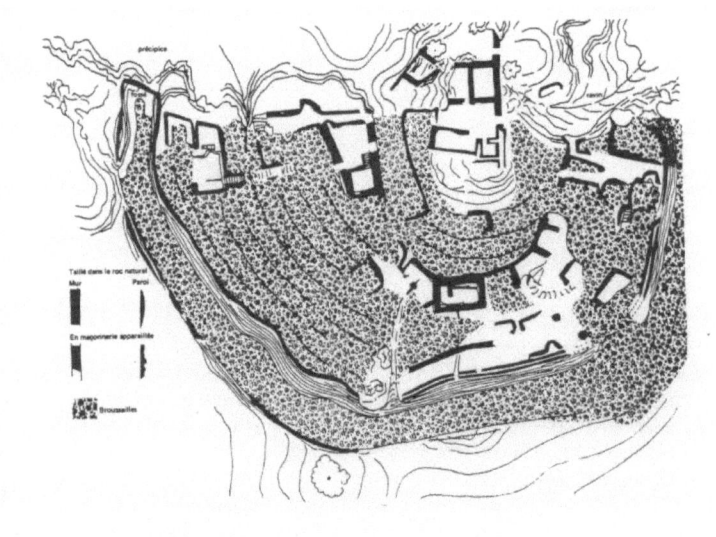

Le site de la Garde-Freinet

Source : Sénac Philippe, Musulmans et Sarrasins dans le Sud de la Gaule (VIIIème-XIème siècle), Paris, 1980, 146 pages, p.85.

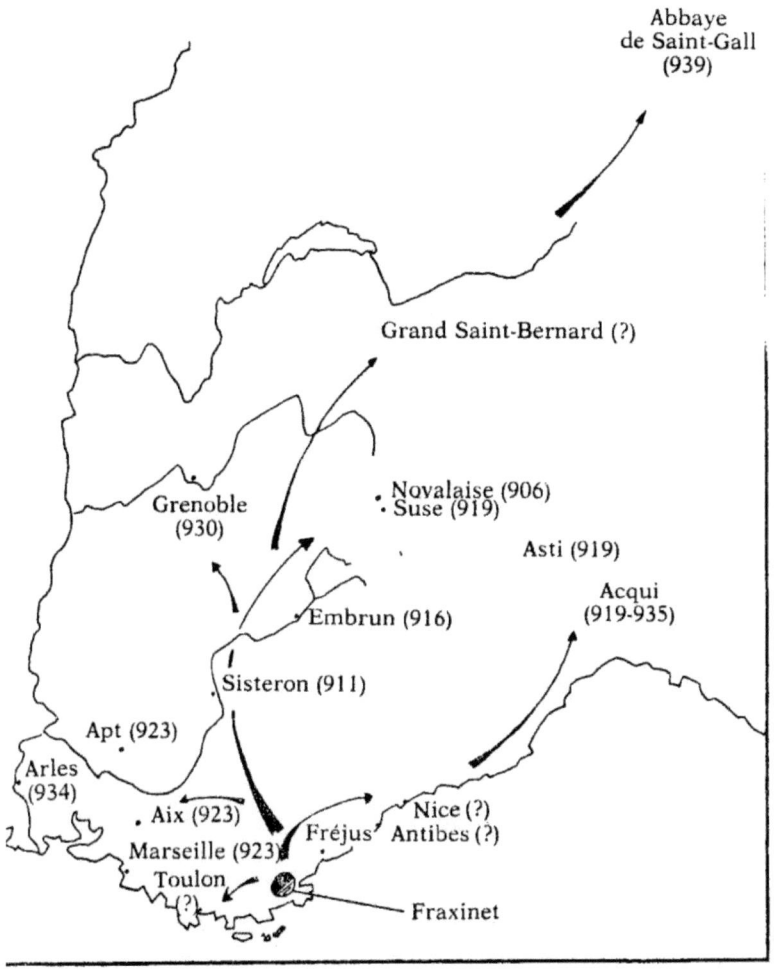

Incursions arabes depuis le Fraxinet

Source : Sénac Philippe, Provence et piraterie sarrasine, 97 p., Paris (Maisonneuve et Larose), 1982, p.37.

Chapitre_7 : Expéditions arabes à partir du Fraxinet

1-De la Provence vers les Alpes
2-Une population arabe préétablie en Provence

§§§

1-De la Provence vers les Alpes

A partir du Fraxinet, les Arabes vont dévaster le comté de Fréjus.
Ils pénètrent dans le pays de Marseille et remontent le Rhône (Valentinois, Viennois).
Ils s'étendent vers l'est, jusqu'aux Alpes. Les églises de Sistéron et de Gap sont brûlées.

Un acte ancien signale près d'Embrun trois tours fortifiées où les Arabes s'établirent et d'où ils dominèrent les environs[110].

« Les campagnes passent sous le contrôle des Sarrasins, les villes conservent leur autogestion sans être inquiétées par leurs armées à l'exception du port de Fréjus qui fut entièrement détruit, redouté comme le rival dangereux du port voisin de Grimaud (créé par les Sarrasins) »[111].

Les Arabes arrivent au Piémont Italien jusqu'à Acqui et Asti[112].
Ils vont s'installer dans les Alpes.

---

110 - Joseph Reinaud (1795-1867), Invasion des Sarrasins en France et de France en Savoie, au Piémont et en Suisse, pendant les 8-ème, 9-ème et 10-ème siècles- d'après les auteurs chrétiens et mahométans, Paris, 1886, 324 pages, p.167-168.
111 - Jean Lacam, Les Sarrasins dans le Haut moyen âge français, Paris, 1965, 217 p., p.102.
112 - Poupardin René, Le royaume de Bourgogne (888-1038), Paris, 1907, 510 pages, p. 86-87.

En Provence, les Arabes resteront près d'un siècle, et beaucoup plus longtemps encore dans les Alpes.

Comment se fait-il qu'un nombre peu élevé d'Arabes en provenance d'Al-Andalus et arrivés en Provence, ont-ils pu occuper une si grande étendue ?

Les auteurs arabes ne parlent pas en détail de l'installation des Arabes dans le Fraxinet (*Massif des Maures*).
C'est à peine s'il y a eu deux ou trois récits dans ce sens, et de manière indirecte : celui rapporté par Ibn-Hawqal[113], et les traités de paix signés entre le khalife omeyyade d'Al-Andalus, Abd-ar-Rahman-III, et plusieurs princes chrétiens[114].

Les auteurs francs, quant à eux, ils pensent que les Arabes du Fraxinet dépendent de Cordoue et qu'ils payent tribut au khalife omeyyade[115].

Les relations entre les Arabes de Provence et Al-Andalus se font surtout par mer (personnes, marchandises, etc.).
A cette époque la flotte andalouse est de loin supérieure à la flotte franque[116]. De plus, les Arabes du

---

113 - Voir : Chapitre_6.
114 - Voir : Chapitre_9, paragraphe 1.
115 - Liutprand rappelle à son ami Recemundo, évêque d'Elvire en Al-Andalus, « les récits des Andalous avec lesquels les Sarrasins du Fraxinet sont en rapports fréquents ».
Voir : Poupardin René, Le royaume de Provence sous les Carolingiens (855-933), Paris, 1901, 472 pages, p.254-257.
116 - Al-Andalus résiste même aux Normands qui sont de grands navigateurs. Toutes les tentatives de débarquement de ces derniers en Al-Andalus échouent.
Voir : + Ibn Idhari (mort en 1295), Al bayan al mughrib fi akhbar muluk al Andalus wal Mughrib (Histoire des dirigeants d'Al-Andalus et du Maghreb), 1983, Beyrouth., 4 volumes.
Voir : Vol. II, p.87-88 ;
+ Ibn al-Athir 'izz-ad-Din abul-Hassan (1160-1232), Al Kamil fi at-ta'rikh (La totalité dans l'histoire), Beyrouth, 1982, 10 volumes, 1 volume d'index, cf. Vol. VII, p.16-18 ;

Fraxinet correspondent avec Al-Andalus par l'intermédiaire de pigeons voyageurs, comme en témoignent les vestiges de pigeonniers du Var[117].

Une autre raison du développement de la population arabe en Provence est l'hypothèse de l'islamisation ou de la coopération d'une partie des populations locales rencontrées, soumises ou attirées par la nouvelle a-venture.
Mais sur ce point il y a peu d'informations[118].

Enfin, une dernière hypothèse est l'existence d'une population arabe préétablie en Provence, bien avant l'arrivée des Arabes dans cette région en 889-890.

2-Une population arabe préétablie en Provence

Lorsqu'ils occupent le Languedoc dans la première moitié du 8ème siècle, les Arabes font déjà des incursions en Provence.
Si les tentatives d'occuper cette région ont alors échoué, il n'en demeure pas moins que cet objectif est

---

= + Al-Maqqari at-Tilimçani Ahmad, Nafh at-tib min ghusn al Andalus arratib (Exhalation de la douce odeur du rameau vert d'Al-Andalus) Beyrouth, 1968, 8 volumes, cf. Vol. I, p.382-383.
Avant la construction de bases navales importantes, à Séville, Bajjana, et surtout à Almería, les marins andalous (de commerce ou de guerre) étaient basés entre Tortosa et Valence.
Et c'est le gouverneur de Saragosse, responsable de cette base, qui l'utilisait comme point de départ des incursions dans les territoires carolingiens.
Voir : Ta'rikh madinat Almariyya al islamiyya, qa'idat 'ouçtul al Andalus (Histoire d'Almería), As-Sayyd 'Abd-al-Aziz Salim, 1969, Beyrouth, 210 pages, p.33.
117 - Voir plus loin : Chapitre_10 : Vestiges arabes en Provence.
118 - Les seigneurs locaux ne tardent pas à associer les Arabes à leurs querelles particulières.
Voir : Invasion des Sarrasins, o.c., p.161.
« On croira sans peine que plus d'un chrétien, foulant aux pieds les lois de la religion et de l'honneur, faisaient cause commune avec eux (les Arabes) et avaient pris part à leurs rapines ».
Ibid, p.167.

resté présent dans l'esprit des dirigeants d'Al-Andalus.

Après la chute de Narbonne en 759, alors qu'Al-Andalus traverse une crise politique aiguë, les Arabes n'arrêtent pas leurs attaques contre les Francs, jusqu'à leur installation en Provence à la fin du 9ème siècle[119].

On peut également penser que les troupes arabes qui traversent les Pyrénées, en route pour le pays des Francs, ne sont pas toutes revenues en Al-Andalus[120]. Enfin, on pourrait avoir l'impression qu'après la chute de Narbonne en 759 et le retour des Arabes en Provence à la fin du 9-ème siècle, rien ne s'était passé. Au contraire !

Au 8ème siècle

En 734 déjà, le gouverneur de Narbonne, Youcef ibn 'Abd-ar-Rahman traverse le Rhône.

En 735, le même Youcef ibn 'Abd-ar-Rahman, appuyé par Mauronte, duc de Marseille, s'empare d'Arles[121].

---

119 - Dans la lutte des Arabes pour la suprématie en Méditerranée, la partie nord-ouest de la mer est contrôlée par Al-Andalus.
N'oublions pas qu'Al-Andalus est toujours en concurrence avec les Abbassides.
120 - L'armée arabe qui entre en France en 732 depuis Al-Andalus est « nombreuse ». On dit que les habitants du bord de la Saône, entre Mâcon et Lyon, surtout sur la rive nord seraient des descendants de soldats d'un camp arabe coupé du gros de l'armée après la défaite de Poitiers.
Voir : Invasion des Sarrasins, o.c., p.302-303.
Voir également : Chakib Arslan, Histoire des expéditions arabes en France, en Suisse, en Italie et dans les îles méditerranéennes, (en arabe), Beyrouth, (sans date, Introduction datée de 1933), 310 p., p. 239.
121 - Dans le sud de la France, profitant de l'occupation arabe, des personnalités chrétiennes, qui n'acceptent pas d'être soumises, ni au duc d'Aquitaine et encore moins au roi franc, « se hissent à la tête de leur ville ». Mauronte, s'octroie le titre de duc de Marseille;

Fretta (aujourd'hui St-Rémi) et Avignon sont occupés. Les Arabes resteront en Provence pendant quatre ans.

En 737 Charles Martel reprend Avignon.
Nouvelle incursion des Arabes en Provence en 739; ils menacent cette fois la Lombardie (au nord de l'Italie).

Les Arabes, ainsi que leurs alliés provençaux sont repoussés une nouvelle fois par Charles Martel.
Une partie de ces Arabes prend la route des Alpes le long de la Durance, et l'autre partie traverse (avec Mauronte) Toulon et Hyères et s'arrête dans le *Massif des Maures*[122].
Les Francs ne gardent que l'Ardèche et Mauronte tolère la présence des Arabes dans les régions abandonnées par les Francs.

En 793 enfin, sous le règne de l'Emir omeyyade Hicham-I, une importante expédition dans le pays des Francs dura plusieurs mois[123].

= il fait appel aux Arabes, et étend son pouvoir à la Provence entière. Voir : Invasion des Sarrasins, o.c., p.52-53.
122 - C'est de cette époque que daterait l'installation des Arabes dans le diocèse de Grenoble. Ils en seront chassés en 965.
Voir : Arslan, o.c., p.113-114.
D'autre part la fondation de Carnoules, en Provence, remonterait au 8-ème siècle, après la destruction par les Arabes de l'ancien bourg de Château-royal, construit sur une colline à l'ouest de Carnoules. Au sud-ouest de Carnoules se trouvent les vestiges d'un camp arabe.
Voir : Les Sarrasins dans le Haut moyen âge, o.c., p.196.
123 - Lors de cette expédition, commandée par 'Abd-al-Karim ibn Mughith, les Arabes arrivent jusqu'en Bretagne.
Voir : Al-Maqqari at-Tilimçani Ahmad, Nafh at-tib min ghusn al Andalus ar-ratib (Exhalation de la douce odeur du rameau vert d'al-Andalus) Beyrouth, 1968, 8 volumes, cf. vol. I, p. 338.
L'expédition contre Narbonne est très importante selon Ibn Idhari. Celui-ci dit que 'Abd-al-Karim arrive jusqu'au pays des Normands.
Voir : Ibn Idhari (mort 1295), Al bayan al mughrib fi akhbar muluk al Andalus wal Mughrib (Histoire des dirigeants d'Al-Andalus et du Magh-reb), Beyrouth, 4 Volumes, cf. Volume II, p.64.
+On a trouvé, en 1943, à Marseillette, près de Carcassonne, une monnaie arabe : dirham frappé en Andalus et daté de 793.

Au 9ème siècle

Bien avant le débarquement des Arabes dans le *Massif des Maures* au Xème siècle, une partie de Castellane (Basses-Alpes) est détruite en 812 par les Arabes[124]. En 813, eurent lieu des attaques contre Nice et Civita Vecchia (près de Rome). Marseille est prise en 848.

Tous les Emirs qui se succèdent à la tête d'Al-Andalus font de leur lutte contre les Francs une priorité.

En 825, l'Emir omeyyade 'Abd-ar-Rahman-II (822-852) (fils d'Al-Hakam-I), envoie une expédition en France, dirigée par Ubayd Allah Ibn al-Balanci, qui se solde par une grande victoire[125].

Et enfin, en 842 et en 850, les Arabes arrivent aux environs d'Arles.

Après plusieurs expéditions, ils s'installent en Camargue en 869[126].

Fin du Chapitre_7

= Voir : Les Sarrasins dans le Haut moyen âge, o.c., p.72.
+Ibn al-Athir, quant à lui, parle d'une expédition en France en 796 sous l'Emirat d'Al-Hakam-I (796-822), dirigée par Abd-al-Karim Ibn Mughith. Voir : Ibn al-Athir 'izz-ad-Din abul-Hassan, Al Kamil fi at-ta'rikh (La totalité dans l'histoire), Beyrouth, 1982, 10 volumes, 1 volume d'index, cf. vol. VI, p.149-150).
Ibn al-Athir est historien (1160-1232).
+Du côté de l'Atlantique, des Arabes, venus d'Al-Andalus au 8-ème siècle, débarquent dans l'île de Noirmoutier.
Voir : Poupardin René, Monuments de l'histoire des abbayes de St Philibert, 1905, p.66.
+Enfin, en 799, les Arabes attaquent les côtes d'Aquitaine.
124 - Les Sarrasins dans le Haut moyen âge, o.c., p.195. Voir aussi la description des villages de Seillans et de Favas au Chapitre_10 : Vestiges arabes en Provence.
125 - Ibn al-Athir, Vol. VI, o.c., p.400.
126 - Poupardin René, Le royaume de Provence sous les Carolingiens (855-933), Paris, 1901, 472 pages, p.248-249.

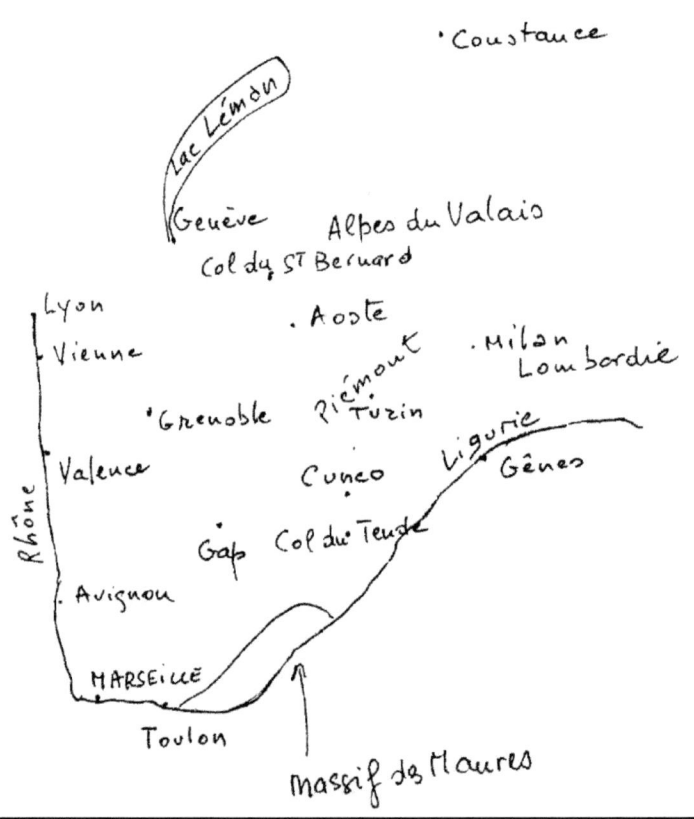

Quelques lieux en Provence, Suisse et Italie (Remarquer le Massif des Maures (Fraxinet) et le Lac Léman)

Chapitre_8 : La Provence, base des expéditions arabes vers les Alpes : Italie du nord, Suisse.

On ne peut pas étudier la présence des Arabes en Provence, sans parler également de leur présence en Italie du nord et en Suisse.

Les Arabes tiennent les régions frontalières entre la France, l'Italie et la Suisse.
Grâce à cette position, ils jouent un rôle important dans les rapports de force entre les rois d'Arles (qui gouvernent la Provence) et la Lombardie (région du nord de l'Italie).

C'est depuis la Provence que les Arabes vont s'avancer vers les Alpes.
En 906, ils traversent les gorges du Dauphiné et, franchissant le Montcenis, ils s'emparent de l'abbaye de Novalaise, sur les limites du Piémont, dans la vallée de Suse (Italie).
La Novalaise devient pour les Arabes une nouvelle base[127].

Les vallées de *La Maurienne* et *La Tarentaise*, en Savoie (italienne à l'époque), sont également occupées par les Arabes[128].

Dans les Alpes, on trouve plusieurs dénominations qui rappellent le séjour des Arabes[129].

---

127 - Les cinq cents moines de Novalaise fuient leur monastère en prenant leurs trésors qu'ils cachent à Turin et à Brème.
Voir : J. Pierre Sandoz, Les Sarrasins à travers les Alpes, (traduction allemande) Stäfa, 1993, 96 pages, p.38.
128 - Joseph Reinaud (1795-1867), Invasion des Sarrasins en France et de France en Savoie, au Piémont et en Suisse, pendant les 8-ème, 9-ème et 10-ème siècles- d'après les auteurs chrétiens et mahométans, Paris, 1886, 324 pages, p.173.
129 - De nombreux toponymes rappellent la présence des Arabes dans les Alpes.
Dans la vallée de Suse, à Borgone, on trouve « Il Bosco del Mahometto ».

Les communications entre la France et l'Italie deviennent difficiles et dangereuses pour les chrétiens.

A cette époque, en France et en Angleterre il y avait un usage :
les religieux et les personnes pieuses faisaient un pèlerinage à Rome.
Mais depuis l'occupation des passages des Alpes par les Arabes, les voyageurs sont exposés à des adversités, en dépit de leurs organisations en caravanes armées[130].

En 921 les Arabes s'emparent du col du Grand St-Bernard à près de 2500 mètres d'altitude[131].
Cette position leur permet de jouer le rôle d'arbitre dans le conflit entre le comte de Provence, Hugues, et le marquis Bérenger II d'Ivrée pour la couronne royale d'Italie.

En 936 les incursions arabes se font en direction du sud-est à partir du col de St Bernard[132].

= De l'autre côté de la vallée, pas loin du village Villar-Focchiardo, on découvre des gravures rupestres rappelant la présence des Arabes dans cette région. Voir : Les Sarrasins à travers les Alpes, o.c., p.37-38.
[130] - En 911, un archevêque de Narbonne n'a pas pu se mettre en route pour Rome à cause des Arabes : « Les barbares occupaient tous les passages des Alpes ; et si on tombait en leur pouvoir, on risquait d'être mis à mort, ou du moins on était taxé à une forte rançon ». Voir : Invasion des Sarrasins, o.c., p.164.
Vers 920, des pèlerins anglais se rendant à Rome périssent dans les défilés des Alpes. A la même époque, il en fut de même pour des pèlerins rhénans.
Voir : Poupardin René, Le royaume de Provence sous les Carolingiens (855-933), Paris, 1901, 472 pages, p.264.
[131] - Le grand St-Bernard, appelé jadis Mont-de-Jupiter, est situé entre le Valais et la vallée d'Aoste, il sert de communication entre la Suisse et l'Italie.
Maîtres de cette position importante et des autres passages des Alpes, les Arabes se répandent dans les contrées voisines.
[132] - Les Arabes avancent à cette époque jusqu'aux frontières de la Ligurie (région au nord-ouest de l'Italie). Ils envahissent Acqui. Voir : Invasion des Sarrasins, o.c., p.171.

La même année, les Arabes s'établissent à Frassineto/Pô (au Piémont)[133].

Ils dominent la Vallée d'Aoste de 943 à 970. Il est probable qu'ils contrôlèrent le col du Simplon[134].

L'Italie du nord n'est pas seule à subir les expéditions arabes.
La Suisse également est le théâtre des incursions arabes.

Peu de Suisses savent que des Arabes s'installèrent sur leurs terres il y a 1.000 ans[135].

Les Arabes, en remontant la Durance pour traverser le Dauphiné, débouchent sur le lac Léman et progressent jusque dans le Jura vaudois et neuchâtelois où

= Par le col de Tende et la vallée Vermenagna, les Arabes arrivent à Cunéo. L'autre axe de progression avait pour point d'attache Varigotti situé sur la côte ligure au nord de Finale Ligure.
Ce point d'appui s'est développé en même temps que celui du Fraxinet (Provence), mais il est abandonné sous la pression des Lombards et des Francs entre 942 et 954.
Voir : Les Sarrasins à travers les Alpes, o.c., p.38.
133 - La fortification arabe de Frassineto située sur le Pô était le point de départ des expéditions vers l'ouest et l'est.
Ibid., p.39.
134 - En effet, une des localités se nomme Gaby (Al-Gaby signifie en arabe, perception, péage).
On sait que les Arabes imposèrent des péages aux voyageurs pour le passage des cols qu'ils contrôlaient.
Ibid., p.15.
135 - Dans la vallée de Saas, un sommet de plus de 4000 mètres s'appelle Allalinhorn. Certains auteurs lui donnent une origine arabe : *Allalain* de l'arabe *Al'aïn* qui signifie *source*. Les Arabes auraient pu donner ce nom à cette montagne aux sources abondantes et intarissables.
Toujours au pied de ce massif, dans la vallée de Saas, se trouve une petite localité : *Saas Almagell*, de l'arabe *Almahall* (lieu ou stationnement).
Cette localité fut probablement un centre arabe et peut-être un verrou entre l'Italie et le Valais. En effet, plus au sud on pouvait atteindre l'Italie par le col Moro longeant le mont du même nom.
Ibid. p.14-16.

divers lieux rappellent leur présence[136].
En 936, les Arabes pénètrent, à partir des Alpes, jusqu'en Alémanie[137].

Ainsi, vers 939, on peut dire que le territoire occupé par la Suisse actuelle est sous domination arabe.

Les Arabes lancent des détachements légers vers St Gall (près du lac Constance)[138].
Ils pénètrent en 939 dans le Valais (canton suisse situé au sud-ouest du pays).
Ils s'avancent jusqu'au centre du pays des Grisons (canton suisse à l'est du pays), où le nom de famille *Sarrats* est encore en cours aujourd'hui[139].

---

136 - Les Roches Sarrazines près des Verrières, la Vy Sarrazin entre Vaulion et Juriens, et le Canal des Sarrasins, nom donné à un étang près de la ville d'Orbe.
Près de Genève, il y a la Pierre des Sarrasins, un rocher sur le Salève.
En France, la Bresse fait mention de : Maison des Sarrasins, Fort Sarrasius, Côte des Sarrasins, Goulet des Sarrasins.
Du côté suisse il y a le Creux des Sarrasins, près de Develier. à Yverdon apparaît vers 1572 le mur des Sarrasins.
Avenches possède deux murailles des Sarrasins.
Voir : Les Sarrasins à travers les Alpes, o.c., p.24.
137 - Le royaume de Provence, o.c., p.266.
L'Alémanie, territoire à l'est de l'Alsace.
138 - Le royaume de Provence, o.c., p.266.
A cette époque, la Suisse faisait partie du royaume de la Bourgogne transjurane.
139 - Des familles d'origine arabe persistent longtemps, en particulier, à Genève et à Bâle.
Le savant et philosophe genevois appelé par les Suisses Abou-Zit (de l'arabe, Abou-Zayd) est originaire d'une famille arabe de Toulouse où ses ancêtres avaient exercé la médecine.
Abou-Zit est contemporain de Voltaire et de Rousseau. Sa famille s'était convertie au protestantisme après la défaite des Arabes.
Lorsque Louis XIV expulse les protestants de France, Abou-Zit part avec d'autres à Genève.
Le Journal de Genève rapporte que Voltaire demande avis à Abou-Zit sur des questions scientifiques et philosophiques.
Il existe par ailleurs une correspondance entre Abou-Zit et Jean-Jacques Rousseau. Aujourd'hui, une rue connue à Genève porte son nom.

Les Arabes contrôlent « *La Via Mala* » empruntée au moyen-âge par des pèlerins et des marchands.

L'abbaye de Disentis ainsi que celle de Coire sont dépouillées de leurs biens[140].
Dans le trésor de la cathédrale de Coire, l'une des pièces constituant une chasuble contient de fines ornementations avec des caractères arabes.
La pièce proviendrait d'une ancienne cape arabe[141].

Et dans l'évêché de Coire, il y a, à la sortie sud de la *Via Mala,* un lieu-dit appelé *Chams* (*Soleil*, en arabe)[142].

Vers l'an 960 les Arabes évacuent le mont St-Bernard.

Fin du Chapitre_8

= Voir : Chakib Arslan, Histoire des expéditions arabes en France, en Suisse, en Italie et dans les îles méditerranéennes, (en arabe), Beyrouth, (sans date, Introduction datée de 1933), 310 p., p.228.
140 - En 956, Otton-I donne à l'évêque Waldo en dédommagement des dégâts causés par les Arabes depuis de longues années, les revenus de deux églises. L'une d'elles, celle de St-Martin à Dzilis, renferme le plus ancien plafond en bois de style roman en Europe. Voir : Via Mala : *Menaces de l'espace alpin* d'André Rueddi et Béatrice Bruchez, documentaire-télé suisse diffusé par la chaîne de TV franco-allemande *arte,* le samedi 4 octobre 1997. La Vial Mala (*La Mauvaise Route*) est située dans les Alpes de la Suisse orientale.
141 - Voir : photo de la chasuble dans le documentaire-télé cité.
142 - Ibid.

Crozant (Creuse)

Chapitre_9 : L'expulsion des Arabes de Provence

§§§

1- Relations des Arabes avec les Chrétiens pendant l'occupation du Fraxinet
2- Un épisode important : l'affrontement diplomatique à propos du Fraxinet entre le khalife d'Al-Andalus An-Nacir et Otton-I, empereur de Germanie
3- La fin du Fraxinet
4- Effet de la présence des Arabes en Provence sur la propriété de la terre

§§§

1- Relations des Arabes avec les Chrétiens pendant l'occupation du Fraxinet

Alors qu'ils occupent la Provence, les Arabes ne cessent d'attaquer les Francs sur plusieurs fronts :
attaque des côtes du Languedoc en 908, et expédition en Gascogne jusqu'aux portes de Toulouse, en 920[143].

En 931, les Francs réagissent à l'occupation de la Provence en lançant une première expédition contre le Fraxinet (Massif des Maures).
L'expédition est soutenue par les Grecs.

La forteresse arabe ne tombe pas, et les Arabes continuent de se manifester partout dans les Alpes.
L'archevêque de Tours, Robert, y est tué, lors de son retour d'un pèlerinage à Rome[144].

---

143 - Joseph Reinaud (1795-1867), Invasion des Sarrasins en France et de France en Savoie, au Piémont et en Suisse, pendant les 8-ème, 9-ème et 10-ème siècles- d'après les auteurs chrétiens et mahométans, Paris, 1886, 324 pages, p.164-166.
144 - Poupardin René, Le royaume de Bourgogne (888-1038), Paris, 1907, 510 pages, p.91.

Ce qui attire l'attention du comte Hugues de Provence à propos de la longue et lourde présence des Arabes, c'est leur victoire à Fréjus en 940[145].

Hugues demande à son beau-frère Constantin-VII, l'empereur byzantin, de lui dépêcher sa flotte dotée du feu grégeois, l'arme la plus redoutable contre les navires à l'époque[146].
Pendant l'été 942, les bateaux arabes massés à Ste-Maxime, Grimaud et Calvaire sont détruits[147] et les

---

145 - Les Arabes avaient déjà mis à sac Fréjus en 890. « Fréjus, ville alors assez considérable, parce que les navires continuaient encore à entrer dans son port, fut tellement maltraitée par les Sarrasins que la population entière fut obligée de s'expatrier, et qu'il n'y resta pas même de traces des propriétés. Il en fut de même de Toulon ». Voir : Invasion des Sarrasins, o.c., p.176).
146 - Y-a-t-il une coïncidence entre l'intervention de Byzance et celle des Abbassides ? En effet, en 941, sous le règne du Khalife abbaside Al-Muttaqui (940-944), des Turcs apparaissent dans la marche supérieure d'Al-Andalus.
Ils attaquent Lérida et Barbastro. Les Turcs sont arrivés là en passant par les terres franques depuis l'Orient en traversant la Lombardie.
Les Turcs se retirent d'Al-Andalus aussi vite qu'ils sont arrivés, et tout rentre dans l'ordre.
Voir : Ibn Hayyan, Al Muqtabas V (Article: 'Abd-ar-Rahman An-Nacir), texte arabe édité par P. Chalmeta, F. Corriente et M. Subh, Madrid-Rabat, 1979, 579 pages, p.481-483.
Mais qui a permis aux Turcs d'arriver jusqu'aux portes d'Al-Andalus, en traversant des pays théoriquement hostiles à Al-Andalus ?
Complicité entre les Francs et les Abbassides pour déstabiliser le khalifat omeyyade récemment fondé de Cordoue (khalifat concurrent de celui de Baghdad).
147 - « Faut-il voir dans cette intervention byzantine dont la flotte empêcha tout secours de parvenir aux assiégés, la raison du naufrage au 10ème siècle, de navires probablement musulmans, trouvés au large d'Agay et de l'île Ste Marguerite près de Cannes ?
« L'un de ces deux navires, l'épave du Bataignier, était chargé de céramiques médiévales de fabrication nord-africaine, et ne semble pas avoir coulé du seul fait de la tempête. Il aurait pu, selon une hypothèse, chercher à forcer le blocus ».
Voir : Histoires..., Bernard Nantet, édition Londreys, Paris, 1988, 143 pages, p.32.

troupes arabes refoulées vers la forteresse du Fraxinet.

Hugues de Provence aurait pu libérer le pays des Arabes, mais, au même moment, il apprend qu'Adalbert (Bérenger-II) marquis d'Ivrée, son rival pour la couronne d'Italie, qui s'était enfui en Allemagne, se préparait à venir lui disputer le trône.
Hugues pactise alors avec les Arabes qui, bien installés sur les passages et les cols des Alpes (col du Mont St-Bernard, col de Tende, etc.), le protègeront contre le Marquis.

Le comté de Nice, qui dépend du royaume d'Arles, est attaqué et ravagé par les Arabes en 942, en même temps que la côte de Gênes.
Les Arabes profitent de la nouvelle conjoncture pour occuper Grenoble (945) avec la riche vallée du Graisivaudan[148].

En conséquence, après 942, les Arabes tirent profit de leurs nouvelles positions : « non seulement ils épousèrent les femmes du pays ; mais ils commencèrent à s'adonner à la culture des terres. Les princes de la contrée se contentèrent d'exiger d'eux un léger tribut ; ils les recherchaient même quelquefois »[149].

§§§§§§

---

148 - Il paraît qu'un corps de « Sarrazins » s'était établi dans Nice même. Un quartier de la ville portait au 19ème siècle le nom de *Canton des Sarrasins.* Voir : Invasion des Sarrasins, o.c., p.180-181. On ne sait pas si aujourd'hui ce quartier porte le même nom.
149 - Invasion des Sarrasins, o.c., p.179-180.

Grenade en terre cuite (trouvée à Hyères près de Toulon) et Pointe de javeline (trouvée à La Londe dans le Var) (J. Lacam).

2- Un épisode important : l'affrontement diplomatique à propos du Fraxinet, entre le khalife omeyyade An-Nacir et Otton-I, empereur de Germanie

Les relations entre le khalife omeyyade, Abd-ar-Rahman-III An-Nacir,[150] et les princes chrétiens, qu'ils soient d'Orient ou d'Occident, sont courantes[151].

Elles sont régulées de temps à autre par des traités de paix.

---

150 - Le khalife An-Nacir règne de 912 à 961. Il est le premier Emir omeyyade d'Al-Andalus à porter le titre de khalife omeyyade (929). Voir : Liçan ad-Din al-Khatib, A'mal al a'lam (Les œuvres de drapeaux dans la pré-prière des rois de l'islam, Beyrouth, 1956, 370 pages, p. 28. Liçan ad-Din al-Khatib (1313-1374) est un historien andalou. On lui doit, en particulier, l'histoire des rois de la dynastie nasride de Grenade (1238-1492).
Il faut remarquer que pendant l'occupation du Fraxinet par les Arabes, Abd-ar-Rahman-III An-Nacir est khalife omeyyade d'Al-Andalus et Otton-I est empereur de Germanie. Ce dernier est le prince chrétien le plus puissant d'Occident.
151 - Al-Maqqari at-Tilimçani Ahmad, Nafh at-tib min ghusn al Andalus ar-ratib (Exhalation de la douce odeur du rameau vert d'al-Andalus) Beyrouth, 1968, 8 volumes, voir : Vol. I, p.353-354.

En 328(H) / 939-940 (ApJC), un accord de paix est signé entre le franc Suñer (fils de Wifredo), seigneur de Barcelone et de ses districts, et Abd-ar-Rahman An-Nacir, aux conditions de ce dernier.
Un autre accord de paix est signé entre An-Nacir et Riquilda fille de Borrell, veuve d'Odón, vicomte de Narbonne.

La paix est respectée par les chefs francs, dont Hugues de Provence.

Hugues de Provence envoie une délégation à Cordoue, pour demander que des sauf-conduits soient accordés aux commerçants de son pays pour se rendre en Al-Andalus.
La réponse de Cordoue est positive.
En effet, des instructions sont transmises par Cordoue à Nasr-ibn-Ahmad, gouverneur du Fraxinet, et aux gouverneurs des îles orientales (îles Baléares) et des ports d'Al-Andalus afin que les visiteurs en provenance de Provence soient respectés et qu'il leur soit permis de commercer avec Al-Andalus.
De plus, que leurs navires soient autorisés à accoster dans les ports d'Al-Andalus[152].

En 947 (ou 949), des ambassades de l'empereur de Constantinople arrivent en Al-Andalus.
Elles sont bien accueillies[153].

---

152 - Ibn Hayyan, Al Muqtabis Vol. V, (partie concernant 'Abd-ar-Rahman An-Nacir), texte arabe édité par P. Chalmeta, F. Corriente et M. Subh, Madrid-Rabat, 1979, 579 p., p.454.
153 - + Al-Maqqari, Vol. I, o.c., p.364;
+ Ibn Idhari, Al bayan al mughrib fi akhbar muluk al Andalus wal Mughrib (Histoire des dirigeants d'Al-Andalus et du Maghreb), Beyrouth, 4 Volumes, voir: Vol. II, p.215;
+ Ibn Khaldoun Abd-ar-Rahhman (1332-1406), Kitab al 'ibar...-(Le Livre des exemples ou Livre des considérations sur l'histoire des Arabes, des Persans et des Berbères, 1375-1379), 14 volumes, Beyrouth, 1981, Dar al Kitab al-Lubnani, voir: Vol. VII, p.309-311.
+ Les empereurs de Constantinople avaient depuis déjà longtemps, l'habitude d'envoyer des ambassades en Al-Andalus.

Plus tard, des ambassades d'Otton-I de Germanie, ainsi que celles du roi des Alamans (Alémanie) suivront les envoyés de Constantinople.

Enfin, notons l'arrivée en Al-Andalus de l'envoyé de Guido (fils d'Adalbert), marquis de Toscane, et demi-frère d'Hugues de Provence.

Après Guido, un envoyé du pape de Rome arrive en Al-Andalus pour demander la paix.
Sa demande est acceptée[154].

Ainsi de tous les côtés du monde chrétien, d'Orient et d'Occident, des ambassades arrivent en Al-Andalus.
Jusque vers la fin de l'occupation de la Provence par les Arabes, des ambassadeurs byzantins arrivaient en Al-Andalus[155].

Un texte de Mahhy ad-Din Ibn 'Arabi (Murcie 1165—Damas 1240) décrit la réception d'un ambassadeur des Francs par le khalife.
Le célèbre soufi met en évidence la distance qu'il y avait entre la magnificence du protocole et la modestie et l'humilité personnelle dans l'attitude et le comportement du khalife à l'égard des ambassadeurs[156].

= En 839, l'empereur de Constantinople envoie un émissaire à Abd-ar-Rahman-II (792-852) pour lui demander d'intervenir auprès des princes abbassides dont il se plaignait, en particulier Al-Ma'moun et Al Mu'tacim. Voir :
Ibn Khaldoun, Vol. VII, o.c., p.282 ; Al-Maqqari, Vol. I, o.c., p.346-347.

154 - Al-Maqqari, Vol. I, o.c., p.366.
- Ibn Khaldoun, Vol. VII, o.c., p.309-311.
155 - C'est le cas, en 971 de l'envoyé de Byzance auprès du khalife omeyyade Al-Hakam-II (961-976).
Voir : Ibn Hayyan, Al Muqtabis (partie concernant le khalife Al-Hakam-II), texte arabe édité par Ali Al Hajji, Beyrouth, 1983, 327 p., p.71.
156 - Kitab muhadharat al-abrar wa muçamarat al akhyar fil ada-biyyat wa nawadir al akhbar, Mahhy ad-Din Ibn 'Arabi (Livre des justes et conférence de nouvelles littéraires), Beyrouth, sans date, 2 tomes, voir : t. 2, p.453-454.

Les envoyés auprès d'An-Nacir arrivaient à Bajjana où ils étaient reçus avant de rejoindre Cordoue[157].

*
L'affrontement diplomatique à propos du Fraxinet, entre le khalife Abd-ar-Rahman-III An-Nacir et l'empereur Otton-I de Germanie.

En 950, le khalife omeyyade Abd-ar-Rahman-III dépêche auprès de l'empereur Otton-I un évêque mozarabe[158], à la tête d'une délégation porteuse d'une missive.
Celle-ci est jugée insultante par Otton-I.
La délégation reste prisonnière pendant 3 ans en Allemagne.

A la fin de cette période, l'empereur Otton-I dépêche en Al-Andalus le moine Juan de Gorze[159], muni d'un

---

= Ibn 'Arabi est juriste, soufi, métaphysicien, etc.
157 - Al-Maqqari, Vol I, o.c., p.366.
Bajjana (Pechina) est la plus importante des localités occupées dès les premiers jours par les Arabes en Al-Andalus.
La mission de ses habitants était de surveiller les côtes.
Plus tard des marins s'installent à Bajjana à partir de laquelle ils sortaient vers les côtes franques.
Voir : Al Himyari (mort aux environs de 900), Ar-rawdh al mu'tar (Le livre du jardin des parfums), édité par Ihhsan 'Abbas, 1° éd. 1975, 2°éd. 1980, Beyrouth, 846 pages, p.79-80.
Bajjana perd de son importance lorsque le khalife omeyyade 'Abd-ar-Rahman-III An-Nacir (912 ; khalife en 929 ; décédé en 961) ordonne en 955 la construction, tout près de Bajjana, de la ville d'Alméria, avec un important arsenal. Et les deux villes devinrent deux ports importants d'Al-Andalus, aussi bien en ce qui concerne le commerce que la marine de guerre.
Voir : Ta'rikh madinat Almariyya al islamiyya, qa'idat 'ouçtul al Andalus (Histoire d'Alméria), par As-Sayyd 'Abd-al-Aziz Salim, 1969, Beyrouth, 210 pages, p.31-32.
158 - mozarabe = chrétien andalou qui avait le droit de pratiquer sa religion pendant l'occupation arabe.
159 - L'envoyé d'Otton-I est le moine Jean de l'abbaye de Gorze, près de Metz. Le choix d'un lorrain s'explique par le fait que des commerçants lorrains échangeaient avec des commerçants arabes d'Al-Andalus.

message écrit par le frère de l'empereur, l'archevêque de Cologne.

Juan de Gorze est accompagné du moine Garamano. Les deux moines arrivent à Cordoue en 954[160].
Le khalife ne reçoit pas Juan de Gorze à cause de la teneur du message qu'il portait.

Plusieurs mois plus tard, le khalife dépêche d'abord un évêque mozarabe appelé Juan en mission auprès d'Otton-I[161], et puis un deuxième émissaire, Recemundo d'Elvire, qui prend la route pour l'Allemagne au printemps 955.
Ce deuxième émissaire est Rabi' ibn Zayd al-Asquf al-Qurtubi qui retournera à Cordoue plus tard[162].

= Un marchand de Mayence envoyé en 940 à Constantinople comme ambassadeur d'Otton-I y avait rencontré des envoyés du khalife de Cordoue. Otton-I lui-même pouvait avoir des renseignements sur la cour du khalife par l'eunuque Salomon qui avant de se rendre en Saxe, avait séjourné en Al-Andalus comme ambassadeur de l'empereur byzantin.
Voir : Poupardin René, Le royaume de Bourgogne (888-1038), Paris, 1907, 510 pages, p.94-95.
160 - Francisco Simonet, Historia de los Mozarabes de España, Amsterdam, 1967, 976 pages, p.607.
Les envoyés d'Otton-I arrivent chez le khalife An-Nacir en 953.
Voir : Ibn Idhari, Al bayan al mughrib fi akhbar muluk al Andalus wal Mughrib (Histoire des dirigeants d'Al-Andalus et du Maghreb), 1983, Beyrouth, 4 volumes, voir : Vol. II, p.218.
Selon Liutprand (évêque de Crémone), l'objet de l'ambassade envoyée par Otton-I est de mettre un terme aux « dévastations commises par les Sarrasins de France et d'Italie ». Voir : Invasion des Sarrasins, o.c., p.194-195.
Selon la biographie de Juan de Gorze, le moine lorrain avait pour mission d'obtenir un traité d'amitié et de paix permettant de mettre fin « aux dévastations des pirates sarrazins ».
Voir : Le royaume de Bourgogne, o.c., p.95.
161 - Historia de los Mozarabes de España, o.c., p.608.
162 - Al-Maqqari, Vol. I, o.c., p.365.
Ibn Khaldoun appelle ce Rabi' : Rîfâ. Il s'agit de Recemundo d'Elvire devenu plus tard évêque de Cordoue en récompense de sa mission. Recemundo est un astronome renommé. Il a les faveurs du khalife Al Hhakam II, après avoir eu celles du père de celui-ci, le khalife 'Abd-ar-Rahman-III.

Otton-I, qui entre temps doit faire face à des rebellions à l'intérieur de son royaume, fait des concessions au khalife.

Recemundo, accompagné cette fois du nouvel envoyé germanique Dudo de Verdun, arrive à Cordoue début juin 956[163].
Le khalife consent alors à recevoir Juan de Gorze, après une détention de trois ans, sans que le moine ait pu lui remettre la lettre, objet de tant de problèmes. Le khalife ne changera pas ses relations avec le Fraxinet.

3- La fin du Fraxinet

Otton-I qui exerce son pouvoir sur la Provence, meurt sans remplir sa promesse (donnée en 968) de délivrer les Chrétiens de l'emprise des Arabes.

Un événement important s'ajoute au précédent.
Mayeul, originaire de Provence et abbé de Cluny en Bourgogne, est fait prisonnier par les Arabes à son retour d'une mission à Rome.
Cette affaire qui a causé une grande émotion chez les Chrétiens sera le point de départ d'une croisade contre les Arabes[164].

Guillaume 1er, devenu comte de Provence en 968, lève

= A la cour de Francfort, Recemundo rencontre Liutprand, le secrétaire de Bérenger, roi d'Italie, et qui, ayant perdu les faveurs de son souverain, passe à la cour d'Otton-I. Il y a une grande amitié entre les deux hommes.
Recemundo pousse Liutprand à écrire l'histoire des empereurs et des rois de son temps, qu'il terminera deux années plus tard, avec le titre : *Antapodosis,* qu'il dédie à Recemundo.
Voir : Historia de los Mozarabes de España, o.c., p.610.
163 - Ibid., p.611.
164 - Mayeul est emprisonné avec un grand nombre de pèlerins et de voyageurs entre Gap et Embrun, région alors occupée par les Arabes. Voir : Invasion des Sarrasins, o.c., p.201-205.
Mayeul sera libéré en 972.

une armée formée d'éléments de Provence, du Comté de Nice et du Bas-Dauphiné[165].
Gibelin de Grimaldi est à la tête de cette armée.
Une première bataille est livrée en 970 près de Draguignan, à Tourtour, où une tour rappelle cette bataille[166].
Cependant les Provençaux n'arrivent pas à prendre la citadelle du Fraxinet. Ils l'assiègent pendant deux ans, en s'installant sur une colline voisine (Pigros).

La tradition veut que le Fraxinet ait été repris aux Arabes en 973, suite à la trahison d'un commandant de poste arabe[167].

Mais que sont devenues les populations arabes vaincues ?
La plupart sont massacrées.
Mais il est probable qu'une partie ait pris la mer, vers la Sardaigne, la Corse, la Sicile ou Al-Andalus.
D'autres échappent à la mort en devenant chrétiens,

---

165 - Invasion des Sarrasins, o.c., p.207.
166 - « Comme la mer « appartenait » aux Sarrasins, les dangers pour eux ne pouvaient venir que des Provençaux qui descendraient des Hautes et Basses Alpes. Et c'est par la voie allant de Riez vers Draguignan que les troupes de Guillaume se dirigeaient des Hautes-Alpes vers le Fraxinet ».
Voir : Jean Lacam, Les Sarrasins dans le Haut moyen âge français, Paris, 1965, 217 p., p.183-184.
Garcin, cité par Jean Lacam, dit :
« ...Il paraît que les Barbares se soutinrent pendant plusieurs jours à Tourtour et qu'ils eurent le temps d'y ensevelir nombre de Maures de distinction, morts aux premières affaires. Aussi l'on trouve près de la tour de Grimaud beaucoup de briques sarrazines fabriquées à la hâte et sur le lieu ».
« De vieux habitants du pays parlent de tombes de guerriers. Sur les lieux de la tour Grimaldi on remarque l'emplacement d'un four».
Ibid., p.142-143.
Non loin de Tourtour il y a un lieu-dit « Saignadou » (en provençal : « lieu où l'on égorge », ou encore « lieu où l'on se signe »).
167 - La base arabe est détruite par Roubaud, frère du comte de Provence, avec l'aide d'Arduino, marquis de Turin.
Voir : Le royaume de Provence, o.c., p.273).

ou en se fondant ainsi peu à peu dans la population locale.

Certains, hommes, femmes et enfants sont conduits en esclavage vers les marchés d'esclaves d'Arles, de Marseille et de Narbonne[168].

Enfin, d'autres sont devenus serfs et attachés au service, soit des églises, soit des propriétaires terriens, et « leur race se conserva longtemps »[169].

En 975, l'établissement des Arabes en Provence prend fin[170].
Et en 976, meurt le khalife omeyyade d'Al-Andalus Al-Hakam-II.

Après la chute du Fraxinet en Provence, le pape Jean XVIII (?-1009) prie les Génois en 1004 de mettre fin à l'occupation de la Corse et de la Sardaigne par les Arabes[171].
En 1004, la ville de Pise est pillée par des pirates arabes. Un an plus tard la ville demande l'aide des Génois pour expulser les Arabes hors des côtes ligures et toscanes[172].

*

---

168 - Cet esclavage avait une sorte de caractère héréditaire puisqu'on retrouve dans certains documents du 18ème siècle des mesures favorables dont sont exclus les esclaves arabes.
Voir : Les Sarrasins dans le Haut moyen âge, o.c., p.105.
169 - Invasion des Sarrasins, o.c., p.209-210.
170 - On pense, par ailleurs, que les Arabes sont encore établis dans les Alpes après 980, et même après l'an mille.
Ibid., p.212.
171 - La Corse est attaquée en 802 et 813 par les Arabes.
A propos de la Corse, voir : www.centerblog.net (chercher : La Corse musulmane ou un pan de l'histoire de la Corse occultée).
La Sardaigne est occupée par les Arabes à deux reprises : (710-778) et (1014-1017).
172 - Les Arabes sont battus à Luni (en Ligurie) et près de Carrata (en Toscane). Voir : Les Sarrasins à travers les Alpes, o.c., p.39.

4- Effet de la présence arabe en Provence sur la propriété de la terre

L'expulsion des Arabes de Provence se traduit par la création de nombreuses seigneuries et de nombreuses fortunes.

L'expulsion des Arabes de Grenoble et de la Vallée de Grésivaudan en 965 entraîne une distribution des terres occupées par les Arabes aux chefs de guerre chrétiens et aux églises[173].

En Provence, le comte Guillaume (appelé père de la patrie après sa mort) récompense les chefs de guerre en leur attribuant les terres occupées jusqu'alors par les Arabes.

Parmi les destinataires de ces terres, on compte Gibelin de Grimaldi, d'origine génoise, qui reçoit des terres au fond du golfe de St-Tropez, d'où le nom de Golfe de Grimaud.

Un guerrier chrétien devient seigneur de la ville de Castellane (Département des Basses-Alpes).

Les églises ne sont pas oubliées lors de la distribution des terres. Les évêques de Fréjus et de Nice reçoivent beaucoup de terres[174].

Dans certains cantons qui se sont trouvés déserts a- près le départ des Arabes, la foule se présenta pour occuper les terres vacantes (il n'existait plus de titres

---

[173] - En 965 le prélat Isarn organise la répartition des terres. « Certaines familles du Dauphiné, telles que celle des Aynard ou Montaynard, font remonter l'origine de leur fortune à cette espèce de croisade ». En vertu de son droit de conquête, Isarn se déclare souverain de Grenoble et de la vallée du Grésivaudan, et ses successeurs garderont une partie de ces privilèges jusqu'à la Révolution. Voir : Invasion des Sarrasins, o.c., p.198-199.
[174] - Ibid., p.209-210.

de propriété).
Et c'est le comte Guillaume qui intervient pour partager les terres entre les bourgeois, les seigneurs et les églises.

Après l'expulsion des Arabes, on recommence à travailler la terre.
Les cultivateurs sont de nouveaux possédants qui ont bénéficié du partage des terres reconquises[175].

Et c'est ainsi que l'invasion arabe a joué un grand rôle dans le développement de la féodalité provençale[176].

Fin du Chapitre_9

---

[175] - « Donc, lorsque la nation païenne fut expulsée de sa terre (c'est à dire du Fraxinet), dit une notice conservée dans le Cartulaire de St-Victor de Marseille, et que le pays de Toulon commença à être peuplé et cultivé par les laboureurs, chacun selon ses propres forces s'emparait de la terre, et franchissait les justes limites de ses possessions. C'est pourquoi, ceux qui se trouvaient les plus puissants se querellaient et luttaient l'un contre l'autre, prenant possession d'autant de terre qu'ils pouvaient ».
En 972, Guillaume de Marseille, vicomte de Marseille, et Pons de Fos, seigneur d'Hyères, vont vers le comte de Provence.
Pons de Fos dit au comte :
« Seigneur comte, voici la terre délivrée du joug de la nation païenne. Elle a été remise en ta main par donation du roi. Nous te prions de t'y rendre, pour fixer des limites entre les châteaux et les bourgs, et la terre de l'Eglise. Car c'est à toi qu'il appartient de fixer des limites, et de distribuer à chacun selon ce que bon te semblera ».
Voir : Le royaume de Bourgogne, o.c., p.109-110).
[176] - Ibid.

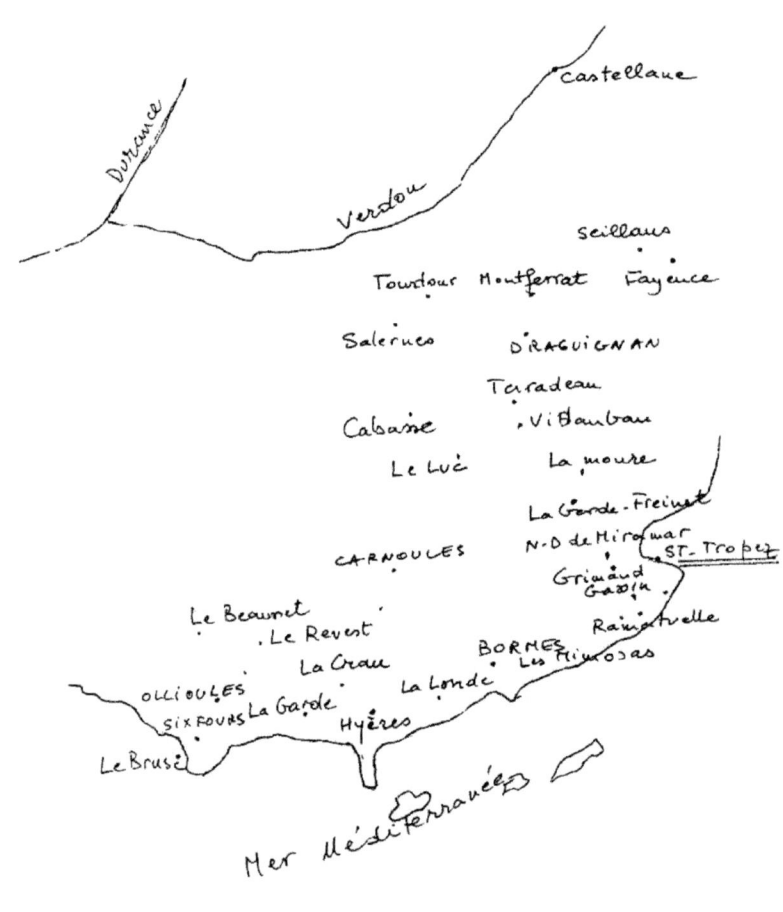

Quelques lieux cités dans le texte

Chapitre_10 : Vestiges arabes en Provence[177]

(Dans ce chapitre nous faisons largement référence aux travaux archéologiques de Jean Lacam, publiés en 1965).

§§§

1-Introduction
2-Vestiges arabes dans le Var (lieux de présence arabe, tours, industrie, agriculture, objets divers, danses, pièces de monnaie, cimetières, épaves de bateaux)

§§§

1-Introduction

A propos des traces laissées par les Arabes les avis divergent.

Selon René Poupardin, les Arabes n'ont été que des pillards et des dévastateurs. Il compare leurs actions à celles des Normands sur la Seine et la Loire sous le règne de Charles-II (Le Chauve), roi de France de 823 à 877.
Poupardin ajoute que les ravages occasionnés par les Arabes en Provence sont pires que ceux perpétrés par les Danois quelque temps auparavant[178].
Il n'attribue aux Arabes aucun apport au développement de la civilisation dans le bassin du Rhône[179].

Quant à Joseph Reinaud, il voit de nombreux apports de la présence arabe.

---

177 - De nombreux villages du sud de la France furent détruits par les Arabes. Ce qui expliquerait le fait qu'après leur départ les vainqueurs ont rasé les villages créés par les Arabes : d'où la difficulté de retrouver leurs traces.
178 - Poupardin René (1874-1927), Le royaume de Provence sous les Carolingiens (855-933), Paris, 1901, 472 pages, p.258.
179 - Poupardin René, Le royaume de Bourgogne (888-1038), Paris, 1907, 510 pages, p.112.

S'agissant des Arabes, il pense généralement à leurs exploits et à leur puissance, plutôt qu'aux maux causés par leur présence.

Joseph Reinaud porte plutôt une « bonne opinion » sur les Arabes contrairement à sa mauvaise opinion sur les Normands et les Hongrois.
C'est que les Arabes étaient à la tête d'une civilisation. « Cette opinion (bonne), dit Reinaud, a été propagée par l'intermédiaire des romans de chevalerie, ceux-ci étant le plus souvent d'influence arabe »[180].

Enfin, les travaux archéologiques de Jean Lacam publiés en 1965 apportent une vision nouvelle sur la présence des Arabes en France. Il faut citer en particulier les restes de la mosquée de Narbonne (Languedoc), les tours du Var (département de l'actuelle région Provence-Alpes-Côte d'Azur), etc.[181].

2-Vestiges arabes dans le Var

Plusieurs lieux témoignent de la présence ou du passage des Arabes en Provence :
La Garde, Hyères, Barbigeois, Maravieille, Montjean,

---

180 - +«Les premières invasions des Sarrasins sont empreintes d'un tel caractère de grandeur, qu'on ne peut en lire le récit sans émotion ».
Voir : Joseph Reinaud (1795-1867), Invasion des Sarrasins en France et de France en Savoie, au Piémont et en Suisse, pendant les 8-ème, 9-ème et 10-ème siècles- d'après les auteurs chrétiens et mahométans, Paris, 1886, 324 pages, p.311.
+« Pour comprendre le substrat des récits épiques il faut avant tout consulter les textes arabes ».
Voir : Naissance et développement de la chanson de geste en Europe, par A. de Mandach, Paris/Genève, 1961, cité dans : Literatura arabe y literatura francesa en la edad media (Littérature arabe et littérature française au Moyen-Age), par Alvaro Galmes de Fuentes, Sharq Al-Andalus- Estudios Arabes, Alicante, n°7 (1990), p.37-53, p.39.
181 - Lacam Jean, Les Sarrasins dans le Haut moyen âge français, Paris, 1965.

la plaine de *Mouries*, etc.[182].

Lieux de présence arabe

Voyons quelques centres importants :

A Cogolin les Arabes ont séjourné longtemps[183].
A Ramatuelle on remarque la « Porte Sarrazine », dite également « Portail des Sarrasins »[184].

Ce sont les Arabes du Fraxinet qui sont les premiers fondateurs du nouveau village de Gassin qui leur servait de poste fortifié. On y trouve de nombreuses portes bâties en arc d'ogive[185].
D'autre part, dans une vieille rue du village, on a découvert sur une pierre servant de linteau d'une porte une inscription en arabe.

---

182 +La Garde (7 km à l'est de Toulon) où les dernières incursions arabes remontent à 1197, bien après la chute du Fraxinet.
+Hyères (18 km à l'est de Toulon) : découverte de vases arabes, de la grenade incendiaire trouvée sur le site de l'Almanarre (phare en arabe) et d'autres pièces arabes datant des 9ème et 10ème siècles.
+Le territoire de la rivière *La Mole* a été occupé par les Arabes : on y trouve des retranchements de pierres sèches qui subsistent à Maravieille et à Mont Jean.
+Dans la plaine de Maravieille, la chronique situe de nombreux silos et des armes attribués aux Arabes.
+Dans la plaine de Mouries il y a une canalisation en terre cuite rouge dont les caractéristiques sont à rapprocher de celles de Médinat Azzahra, près de Cordoue.
Voir : Les Sarrasins dans le Haut moyen âge, o.c., p.108-115.
183 - Le plan de Cogolin fait penser à un ancien port. La ville se situe en plein cœur du golfe de Saint-Tropez.
Ibid., p.118-119.
184 - Les Arabes ont bâti un de leurs forts au sommet des Cuguillières.
D'après les habitants du pays, on aurait trouvé au sud de Ramatuelle des armes et des tombes.
Ibid., p.119-122.
185 - L'une de ces portes ressemble à certaines portes de Palerme datées des 9ème et 10ème siècles.
Ibid., p.123-124.

Aujourd'hui le village a gardé une partie de ses fortifications.

En fait, Gassin n'est pas loin de Pampelonne, dans la baie de laquelle ont débarqué les Arabes à partir de 739[186].

A Grimaud, on retiendra le « canal Grimaud » et la « Fontaine des Maures »[187].

A Cabasse on remarque les ruines d'un château bâti par les Arabes et les vestiges d'une muraille appelée Casteou-Sarrin.
Il y a à Cabasse une véritable maison avec ouvertures dans la crevasse d'un rocher à pic, qui porte le nom de « Maison des Fées »[188].

Favas est un petit village près de Draguignan, ruiné au 8ème siècle par les Arabes.
Ceux-ci ont établi, sur la montagne de Piol (800 mètres d'altitude), un retranchement considérable encore visible aujourd'hui.
Près de Piol, découverte d'un crassier de fer, des sco-

---

[186] - Les Sarrasins dans le Haut moyen âge, o.c., p.123-125.
[187] - « *Le canal de Grimaud* amenait l'eau de la source Painchaud vers Grimaud (1 lieue de distance). La source et Grimaud étaient séparés par la rivière la Garde enjambée par le *Pont des Fées* dans lequel étaient incrustées des canalisations. Des études des matières composant ces canalisations attribuent celles-ci aux Sarrasins ».
« *La Fontaine des Maures* se trouve à la sortie de Grimaud en direction de la Garde-Freinet. Le bassin de recueillement de l'eau irrigue des jardins en étages ».
« Le système d'irrigation moderne, dans cet endroit, pourrait avoir son origine du temps des Sarrasins ».
Ibid., p.132-135.
[188] - « En provençal, Fées se dit Fada, ne peut-on voir ici une altération de *Fata* signifiant *officier* ? ou encore une altération de *feth'a* signifiant : *fente, ouverture*; la maison des fées à Cabasse gardant l'entrée de la vallée et le pont de Grimaud (qui s'appelle aussi *Pont des Fées*) étant le seul passage pour atteindre de l'intérieur des terres, la forteresse sarrazine ».
Ibid., p.144.

ries et du charbon. On peut penser à l'emplacement d'une forge ou même d'une fonderie.
Découverte également d'un tesson vernissé du 8ème siècle[189].

Seillans est un village dont les armes possèdent un croissant et trois étoiles. Dans le nouveau village, il y a une porte dite *Sarrazine* qui serait l'un des plus anciens témoins de l'occupation sarrasine dans le Haut-Var[190].
S'agissant des environs de Seillans, on a trouvé dans un cimetière arabe des tessons en céramique de teinte grise, qui ressemble à celle trouvée à Narbonne et qui est datée du 8ème siècle.

D'autre part, les observations faites sur les tombes, la *Porte Sarrasine* (de Seillans) et la céramique laissent supposer que l'établissement des Arabes dans le village de Seillans et ses environs daterait du 8ème siècle[191].

---

189 - Dans la région de Barcelonnette (commune de la sous-préfecture du département des Alpes-de-Haute-Provence), où les Arabes ont vécu deux siècles, les habitants signalent des emplacements de forges arabes (pour la fabrication d'armes, d'outils, d'instruments agricoles).
Voir : Les Sarrasins dans le Haut moyen âge, o.c., p.146 et 148-150.
190 - Ibid., p.152.
On pense que l'établissement des Arabes dans cette région est antérieur à leur débarquement dans le Fraxinet et serait plutôt la conséquence d'une pénétration par la Durance et le Verdon, d'Arabes mis en déroute par Charles Martel en 737.
On signale aussi que Castellane, détruite vers 812, n'est pas très éloignée de Seillans.
La destruction de Baudron et de Favas pourrait dater de la même période.
Sur le territoire de Seillans, il y a un lieu désigné sur les cartes comme « cimetière sarrazin ».
Ibid., p.154-156.
191 - Dans les environs de Seillans, la tradition situe, à la Bégude, un grand combat où les guerriers assoiffés auraient asséché le puits, l'auraient « tout bu », (« bégu » en provençal), d'où ce nom.
Ibid., p.158.

Non loin de Seillans, se trouve le village de Fayence avec sa *Porte Sarrasine*[192].

A Six-Fours, près de Toulon, il y a un puits semblable à ceux rencontrés en Espagne, au Maghreb et à Fostat en Egypte[193].
Les Arabes ont attaqué Le Brusc en 950, à 15 km de Toulon, mais ils ont été battus[194].

En 1963, non loin du village « Le Brusc » a eu lieu une plongée sous-marine à l'endroit (présumé) du débarquement des Arabes : « *Pointe du Brusc*, au lieu-dit *Pointe de Gaou* ».
Les plongeurs rapportèrent un plat profond en bronze décoré, avec des inscriptions arabes comparables à celles des 9ème et 10ème siècles.
On suppose que cet ustensile servait à recueillir les aliments et était en sus dédié aux ablutions rituelles.

Au Beausset, un habitant a découvert sous une grande dalle une hache bipenne en bronze.
Cette hache est entièrement gravée sur les deux faces et porte sur toute la bordure, les deux lettres arabes (f) et (t) en alternance. Ces deux lettres peuvent former le mot (fata) qui veut dire *brave, jeune officier*.
On pense que la hache daterait au moins du temps des Fatimides[195].

§§§

---

192 - Les Sarrasins dans le Haut moyen âge, o.c., p.158.
193 - Ibid., p.160.
194 Dans leur retraite, les Arabes se retournèrent vers les gens du pays en leur lançant qu'ils étaient « Malla gent est » (de mauvaises gens !).
On érigea, pour célébrer la victoire de Malogineste (à rapprocher de Malla gent est), un monument commémoratif au lieu-dit Jaumar. Ibid.
195 - Ibid., p.163-166.
Les Fatimides : dynastie arabe (909-1171).

Hache bipenne (Le Beausset, dpt du Var, Provence).
Xème siècle (Photo Lacam Jean).

Notons enfin que d'autres endroits de Provence contiennent des vestiges arabes visibles encore aujourd'hui, ou des vestiges dont l'existence est transmise par la tradition orale : *Pierrefeu, Jabron, Luc, Vidauban, Salernes, Mont-ferrat, Entrecasteaux, Lorgues*, etc.

Les tours sarrasines dans le Var

Ce sont des tours carrées, de 4 à 8 m de côté, la plus haute d'entre elles mesurant 25 m.
Elles ne correspondent pas aux normes romaines.
« Ces tours, bâties directement sur le rocher, entièrement en pierre, de plan carré, comme la plupart des tours arabes, sont orientées par les angles, disposition de type oriental. Ces tours sont ignifuges. Leurs portes, étroites et hautes, sont situées au premier étage jusqu'à 7 m du sol.
Les tours n'ont aucune ouverture au rez-de-chaussée sauf celle de Sanary qui était entourée d'eau ».

La plupart des mesures de ces tours sont des multiples de la coudée arabe ordinaire qui est de 0,47 mètre.

Les tours servent de magasin et de lieux de transmission de signaux entre elles (tours à feu).
Les tours à feu communiquent par des signaux de feu la nuit, et de fumée le jour.

A côté des tours proprement-dites, il existe des relais de chevaux pour les messageries et des pigeonniers d'Etat. Ces pigeonniers, situés parfois à l'étage supérieur même de la tour, servent à la transmission et à la réception de messages au moyen de pigeons voyageurs[196].

---

196 - Les Sarrasins dans le Haut moyen âge, o.c., p.191-192.

Voici la présentation de quelques-unes de ces tours :

+*La tour de Sanary* (Commune d'Ollioules) est située sur le port (aujourd'hui à une trentaine de mètres du bord de l'eau). C'est la seule tour qui a une porte à sa base.
La tour sert au transit de produits de l'arrière-pays minier du Revest, et de Six-Fours[197].

+*La tour du Revest* est à proximité des mines de fer, de cuivre, de plomb argentifère que recèlent le Mt-Caume, mines exploitées par les Romains puis par les Arabes.
La tour aurait pu servir de dépôt de produits métalliques, comme sa voisine, la tour de Dardennes à laquelle le mot de « forges » est lié[198].

+*Tour de Dardennes* :
Tour carrée de 8 m de côté (hauteur actuelle 6,60 m.). L'intérêt de cette tour est accru par la présence d'une cave de 24*6 m., située perpendiculairement à quelques mètres de la tour[199].

+La tour de *Taradeau* qui domine la plaine de l'Argens est située non loin de la voie romaine qui reliait Fréjus à Aix[200].

= Ces tours correspondaient avec les îles environnantes que la tradition dit avoir été occupées par les Arabes : île de Bendor, île des Embiez, îles de Porquerolles et Port-Gros, etc.
Voir : Les Sarrasins dans le Haut moyen âge, o.c, p.170-174.
197 - Ibid., p.191-192.
198 - Ibid., p.174-177.
" En 1865, l'année où la municipalité du Revest fit pratiquer une ouverture au pied du mur, on trouva dans le magasin voûté une grande quantité d'arcs, de flèches, de fers de lances, et de boucliers ronds, ces derniers en forme de couvercles de marmites, tout à fait semblables à ceux qu'on découvre dans la région des Maures. Sans doute, se tenait autour du Revest un important campement. La tradition parle d'un second Fraxinet ''.
199 - Ibid., p.178.
200 - Ibid., p.179-180.

+La tour de *Tourtour*, appelée aussi tour de Grimaldi. Elle est le relais principal du système de signalisation du Fraxinet.
La tour est actuellement un signal géodésique[201].
On peut penser que la tour avait des magasins de stockage de produits de la forêt : charbon de bois, goudron, résine, kermès[202].
+La tour de *Pénafort,* qui est la plus petite des tours décrites ici, servait de tour à feu[203].

Industrie et agriculture

Dans les environs de la Garde-Freinet (Fraxinet), il y avait des mines :

+de fer pour la fabrication d'outils, d'instruments agricoles et d'armes ;
+de galène (alquifoux) au lieu-dit Guillobets ;
+de plomb argentifère entre la Garde-Freinet et Plan-de-la-Tour au lieu-dit « Trou des Sarrasins ».

D'autres endroits sont à citer comme Puits Vallon et Puits Ste-Thérèse autour de Miramar et la Garde-Freinet[204].

A Notre-Dame de la Crau, près d'Hyères, on a trouvé en creusant la terre, une briqueterie de construction arabe.
On a trouvé également des tombeaux en briques avec

---

201 - Les Sarrasins dans le Haut moyen âge, o.c., p.183.
202 - Les chênes kermès sont nombreux dans cette région, comme partout ailleurs dans les forêts du Var.
Il est à remarquer l'origine arabe du nom « quermez » qui a donné « qarmzi », d'où vient le terme cramoisi, rappelant ainsi l'emploi que l'on faisait des insectes séchés ramassés sur ces arbres comme substance tinctoriale.
203 - On donnait souvent à cette tour le nom de « sakhra » (piton en arabe).
Ibid., p.185-187.
204 - Ibid., p.140-142.

des ossements.

Au Revest, les Arabes exploitaient les mines de galène argentifère[205].

Dans la région du golfe de St-Tropez, les Arabes développèrent l'industrie d'extraction de la résine de pin, (qui, transformée en goudron servait au calfatage des bateaux).
« Nous pensons, dit Jean Lacam, que les Musulmans gardaient une flotte stationnée dans le golfe de St-Tropez afin de maintenir des relations avec leurs terres d'outre-mer et ce goudron doit avoir été utilisé par leurs marins »[206].

Aujourd'hui encore en Provence, le goudron est appelé *qitran*, mot d'origine arabe[207].

Lacam pense par ailleurs que la résine entrait dans la composition de la poix.

Un lieu-dit la Péguière (au cœur des forêts, entre Collobrières et la Garde-Freinet, où sont signalées des ruines) est peut-être un des lieux où les Arabes ont fabriqué la poix (pègue, en provençal)[208].

On attribue aussi aux Arabes l'art d'exploiter le chêne-liège, très abondant dans la forêt qui porte le nom de

---

205 - Les Sarrasins dans le Haut moyen âge, o.c., p.200.
206 - Ibid.
207 - Si l'extraction de la résine était connue auparavant, sa transformation en goudron était une activité nouvelle.
Voir : Joseph Reinaud (1795-1867), Invasion des Sarrasins en France et de France en Savoie, au Piémont et en Suisse, pendant les 8-ème, 9-ème et 10-ème siècles- d'après les auteurs chrétiens et mahométans, Paris, 1886, 324 pages, p.298.
208 - Les Sarrasins dans le Haut moyen âge, o.c., p.200-201.
La poix était utilisée dans les mélanges employés par les Arabes pour le remplissage de grenades incendiaires ou bombes à feu grégeois.

Forêt des Maures[209].

L'exploitation du châtaignier est introduite par les Arabes.

Ces arbres, dont certains atteignent aujourd'hui mille ans (donc datant de l'occupation arabe), fournissaient un complément de nourriture et un produit d'exportation.

Ces dernières années, à la Garde-Freinet, une foire réglait la récolte et la commercialisation des châtaignes à la St-Clément, le 23 novembre[210].

Il faut retenir également le blé noir ou «blé sarrasin», introduit par les Arabes[211].

---

209 - Cet arbre constituait encore au 19ème siècle l'une des richesses de la région. Voir : Invasion des Sarrasins, o.c., p.297).
Jusqu'à la fin du 19ème siècle, à la Garde-Freinet, 500 ouvriers et ouvrières travaillaient encore à la taille manuelle des bouchons. Si aujourd'hui l'industrie du bouchon est moribonde, on continue cependant de détacher le liège.
Voir : Histoires..., Bernard Nantet, éd. Londreys, Paris, 1988, 143 pages, p.66.
210 - Ibid., p.67.
211 - Cette plante peut servir à la fois d'engrais et de fourrage, et sa graine fournit une farine qu'on peut convertir en bouillie.

Les Arabes ont creusé de nombreux puits et de nombreux canaux[212].

Dans la région du golfe de St-Tropez, une race de chevaux, dite « sarrasine », s'est maintenue pendant de nombreux siècles[213].
Les Arabes ont aussi renouvelé la race des chevaux du sud de la France, notamment ceux de la Camargue (croisement entre juments du pays et étalons en provenance d'Al-Andalus)[214].

Objets divers, danses, musique...

Des manteaux de soie, des coffrets en ivoire et en argent, des verres de cristal ainsi que des armes de facture précieuse, se trouvent encore aujourd'hui en possession des églises et des aristocrates locaux[215].

Sur un autre plan, des chroniques parlent aussi de danses provençales dont l'origine remonte au temps des Arabes : danse des épées, des oranges, des *chivu frus* (cheval-jupon), etc.

La Mauresque et *La Bravade* sont deux danses encore présentes dans le folklore varois[216].

= Voir : Invasion des Sarrasins, o.c., p.297.
212 - Chakib Arslan, Histoire des expéditions arabes en France, en Suisse, en Italie et dans les îles méditerranéennes, (en arabe), Beyrouth, (sans date, Introduction datée de 1933), 310 p., p.237.
213 - Chevaux de petite taille, ils servaient aussi bien aux travaux des champs qu'aux messageries et à l'apparat.
Voir : Les Sarrasins dans le Haut moyen âge, o.c., p.136.
214 - Invasion des Sarrasins, o.c., p.298-299. Les Arabes, lorsqu'ils prenaient la mer emmenaient avec eux des chevaux qui leur servaient à poursuivre leurs courses à terre.
215 - Arslan, o.c., p.237-238.
216 - A Callian, « les Sarrasins à leur arrivée en Provence donnèrent aux habitants le spectacle de leurs danses guerrières. Une de ces danses appelée *La Mauresque* s'est conservée dans cette contrée...Elle s'exécute en courant les rues, les uns derrière les autres, en une seule file, en gambadant, ou battant des entrechats et s'arrêtant de temps à autre pour boire à la ronde ».

On retient aussi du séjour des Arabes en Provence le souvenir de certaines de leurs danses qui s'exécutaient le soir et dans la nuit[217].

S'agissant de la musique, quelques instruments en usage en Provence jusqu'à nos jours remontent, quant à leurs formes, au temps de la présence des Arabes[218].

Pièces de monnaies trouvées en Provence

A Bormes-les-Mimosas, à Olbia (près d'Hyères), on a trouvé des pièces de monnaie arabes datant des 7ème

---

= Cette danse est encore effectuée dans les fêtes locales de Fayence, Seillans, etc.
Voir : Les Sarrasins dans le Haut moyen âge, o.c., p.201.
Quant à *La Bravade,* elle est encore à l'honneur au cours des fêtes locales dans le Var, et en particulier à St-Tropez.
A l'époque des Arabes, il s'agissait de « braver » ces derniers par des processions religieuses chrétiennes. Lors de ces processions, les reliques étaient protégées par des hommes armés. En effet, si les Arabes reconnaissaient la liberté du culte catholique, ils ne toléraient pas son expression en public.
Aujourd'hui, en souvenir des temps passés, les processions sont escortées par des soldats pour protéger les reliques.
Ibid., p.201-202.
[217] - Un danseur se place entre deux danseuses et leur présente alternativement une orange.
Autre danse, celle de deux guerriers brandissant chacun une épée et essayant d'enlever une bergère ou au contraire de la défendre contre son ravisseur.
Voir : Invasion des Sarrasins, o.c., p.300-301.
[218] - Abbas Al-Jarari, Athar Al-Andalus 'ala Europa fi majal an-naghm wal-iqa', (L'impact de l'Andalus sur l'Europe dans le domaine de la mélodie et du rythme), Rabat, 1981,136 p., p.89-90.
Voir également : Las Cantigas de Santa Maria (recueil de chansons rédigé sous le règne d'Alphonse X Le Sage). Le recueil contient « Le codice de los musicos » (consacré aux musiciens). Il est illustré par des miniatures représentant des musiciens accompagnés de leurs instruments de musique dont certains sont d'origine arabe ou islamique.
Alphonse X Le Sage (1221-1284), roi de Castille et Leon (1252-1284).

et 8ème siècles[219].

Près de Six-Fours, à Ollioules, on signale près d'une source thermale, la découverte de monnaies romaines et arabes[220].

Cimetières arabes

On a découvert dans le Var de nombreux cimetières arabes :

+A Ste-Anastasie, St-Julien-le-Montagnier (aux lieux-dits les Maurras et la Mourotte), St-Paul-en-Forêt (au lieu-dit Maugaries) et aux Arcs.

+De même, une tradition orale veut qu'il y ait à Mazauges, au lieu-dit la «Crau des Sarrasins» un cimetière musulman[221].

+A la Moure, «les Maures ou Sarrasins occupaient autrefois tous ces pays et de là lui est venu le nom de la Moure, on y trouve souvent des tombeaux de ces infidèles »[222].

---

219 - +Une monnaie arabe datée de 755 et frappée en Egypte pour Abd-al-Malek ibn Yazid.
(Abd-al-Malek ibn Yazid est le 9ème khalife omeyyade (720-724).
+Une autre monnaie peut-être datée de la fin des Omeyyades (dynastie arabe : 661-750).
+A Olbia (Al Manar), près d'Hyères, une monnaie que l'on peut dater de la fin des Omeyyades.
+Et une autre monnaie non encore identifiée.
+Dans le catalogue du musée de Draguignan, il y a une médaille coufique. Sur cette pièce il y a une inscription, en plus des inscriptions coraniques traditionnelles : « Obeid Allah, gouverneur d'Egypte, 1er siècle de l'hégire (7ème siècle) ».
Voir : Les Sarrasins dans le Haut moyen âge, o.c., p.203-204.
220 - Ibid., p.160.
221 - Les Sarrasins dans le Haut moyen âge, o.c., p.202-203.
222 - On n'a pas découvert de tombes arabes à la Moure, mais il y a une coutume curieuse qui n'est pas sans évoquer son origine arabe. On venait du Plan de la Tour pour se faire enterrer à la Moure (le mort, entouré d'un drap, est porté entre deux bâtons).
Ibid., p.203.

Epaves de bateaux

Philippe Sénac signale l'existence de 3 épaves de navires arabes du Xème siècle :

Epave du Bataiguier (au large de Cannes) ;
Epave des jarres à Agay (au large de St Raphael) ;
Epave du rocher de l'Estéou (au large de Marseille)[223].

Fin du Chapitre_10

= A proximité de La Londe-Les-Maures, la tradition orale situe un cimetière arabe.
Découverte aussi d'une pointe de javeline trouvée à La Londe (Var). Ibid., p.111-112.
223 - Voir : Philippe Sénac, Musulmans et Sarrasins dans le sud de la Gaule (VIIIème-XIème siècles), Le Sycomore, Paris, 148 p., p.108-110. L'auteur présente en Annexe_3 de son livre des dessins de céramiques trouvées dans l'épave du Bataiguier.

Annexe :

Mots occitans d'origine arabe

Annexe : Mots occitans d'origine arabe (noms, adjectifs, verbes, etc.)[224]

***afardolhar** : faire des fagots sans ordre.
Etymologie arabe : **fard**

***agibit** : raisin sec.
Dérivé :
agibir : sécher sur l'arbre, se rider (fruits).
Etymologie arabe : **al-zebib**

***aiganafa** : eau de fleurs d'oranger.
Etymologie arabe : **nafha**

***alambic** : alambic.
Dérivé : **alambicar** : alambiquer ; subtiliser.
Etymologie arabe : **alambîq**

***albaran** : reçu, quittance.
Etymologie arabe : **albaran**

***albarda** : bât.
Etymologie arabe : **barda'ah**

***abricòt** : abricot.
Dérivé : **abricotièr** : abricotier
Etymologie arabe : **alberqoûq**

***alcachòfa** : artichaut.
Etymologie arabe : **al-karchoûf**

---

224 - **Sources** : Noms occitans d'origine arabe relevés dans le dictionnaire occitan-français de Louis Alibert.
La liste des mots de cette annexe est issue d'un article de Josiane Ubaud : Lexique occitan d'origine arabe.
à voir sur : http://josiane-ubaud.com/ali-arabe.pdf
(Louis Alibert est un linguiste français (1884-1959)).

***alcalí** : alcali.
Etymologie arabe : **alqaly**

*****alcassin ~ aucassin** : toile à matelas.
Etymologie arabe : **alkissa**

*****alcavòt** : entremetteur.
Etymologie arabe : **al qawwad**

*****alcòl** : alcool.
Etymologie arabe : **al kohol**

*****alcoton** : hoqueton.
Etymologie arabe : **al qoton**

*****alcòva** : alcôve.
Etymologie arabe : **alqoubba**

*****algarada** : algarade.
Etymologie arabe : **alghâra**

*****algèbra** : algèbre.
Etymologie arabe : **aldjabr**

*****algoritme** : algorithme.
Etymologie latin médiéval : algorismus. De l'arabe : **Al-Khawarizmi** (nom du mathématicien Muhammad Al-Khawarizmi, 780-850).

*****alquifòs** : galène.
Etymologie arabe : **alkohol**.

*****alifar** : lustrer.
Etymologie arabe : **hafala**

*****alquitran** : goudron.
Etymologie arabe : **al-quatran, al-quatiran**

*amaluc ~ malhuc** : fémur, hanche, dislocation des hanches.
Dérivés :
amalugar : déhancher ;
amalugadís : éreinté ;
amalugadura : éreintement ;
amalugaire : éreintant ;
amalugatge : action d'éreinter.
Etymologie arabe : **azum+al+huqq**

***amiral** : amiral.
Etymologie arabe : **amir**

*****arange/irange** : orange.
Dérivés :
aranjat/iranjat : orangé ;
aranjada/iranjada : orangeade.
Etymologie arabe : **narandj**

*****argela** : ajonc.
Dérivés : **argelàs, argelat** : genêt épineux.
Etymologie arabe : **al g'aulac**

*****argusin** : argousin, galopin.
Etymologie arabe : **al-wâzir**

*****arsenal, arsenac** : arsenal.
Etymologie arabe : **darçanah**

*****assassin** : assassin.
Dérivés : **assassinar** : assassiner ;
assassinat : assassinat.
Etymologie arabe : **hachchâchî**

*****ataüc ~ ataüt** : cercueil.
Etymologie arabe : **tabut**

*****atzebib** : raisins secs.
Etymologie arabe : **al-zebib**

*aubergina : aubergine.
Etymologie catalane : **alberjinia**, de l'arabe : **al-bâ-dinjân**

*aubièca : citrouille.
Etymologie arabe : **al-bitichak**

*aucassin : coutil.
Etymologie arabe : **al-kissa**

*avivas : avives.
Etymologie arabe : **adh-dhîba**

*azard : hasard.
Dérivés :
azardar : hasarder ;
azardós : hasardeux ;
azardosament : hasardeusement ;
azardièr : celui qui hasarde ;
azardaire : celui qui hasarde.
Etymologie arabe : **az-zahr** (le dé)

*azur : azur.
Dérivés :
azurar : azurer ;
azurejar : tirer sur l'azur ;
azurenc : d'azur ;
azurin : de couleur azur.
Etymologie arabe : **lâzaward**

*balais : rubis balai.
Etymologie arabe : **balakhtch**

*barda : bât.
Dérivés :
bardada : charge de bête de somme ;
bardar : mettre le bât ;
bardèl/bardèla : bardelle ;
bardelata : corset pour enfants ;
bardet : petit corset d'enfants ;

bardina : bardelle ;
bardon : ânon, sôt ;
bardonièr : bâtier, bourrelier ;
bardôt : mulet.
Etymologie arabe : **barda'a**

***barracan**: bouracan (sorte de drap rayé de blanc).
Dérivé :
barracanar : rayer de blanc.
Etymologie arabe : **barrakhân**

***basana** : basane, gros ventre, nigaud.
Dérivés :
basanar : se basaner ;
basanat : ventru
Etymologie arabe : **bitâna**

***bauda** : câblière.
Dérivés : **baudèlha** : loquet ;
baudelhon : loquet ;
baudorn : tortoir ;
baudornièra : corde qui lie la charge d'une bête de somme.
Etymologie arabe : **dabba**

***boràs** : borax
Dérivé : **borassièra** : boîte de borax des fondeurs.
Etymologie arabe : **bouraq**

***borrage** : bourrache.
Etymologie arabe : **abu rach** (« père de la sueur »)

***burnós** : burnous.
Etymologie arabe : **bournous**

***caban** : manteau à manches et à capuchon.
Etymologie arabe : **qaba**

*cafè : café.
Dérivés :
cafetièr : cafetier ;
cafetièra : cafetière ;
cafetista : qui a l'habitude de fréquenter les cafés.
Etymologie arabe : **qahwa**

*califa : calife.
Dérivé :
califat : califat.
Etymologie arabe : **khalifa**

*candi : candi (en parlant du sucre).
Dérivé :
candir : faire candir du sucre ; cristalliser ; geler.
Etymologie arabe : **qandi**

*carchòfa : artichaut.
Dérivés :
carchòfe : grande joubarbe ;
carchofeta, carchoflièr : artichaut.
Etymologie arabe : **karchoûf**

*caròbia : caroube.
Dérivé :
carobièr : caroubier.
Etymologie arabe : **kharroûba**

*carraca : carraque (bateau).
Etymologie arabe : **karràka**

*carvi : carvi.
Etymologie arabe : **karâwiyâ**

*chifra : chiffre.
Dérivé :
chifrar : chiffrer.
Etymologie arabe : **sifr**

*cofa : couffe, cabas.
Etymologie arabe : **kufa**

*coton : coton.
Dérivés :
cotonada : cotonnade ;
cotonar (se) : se cotonner ;
cotonièr : cotonnier ;
cotonejar : être cotonneux ;
cotonina : toile de coton, toile à voiles ;
cotonós : cotonneux ;
cotona : nom de vache blanche.
Etymologie arabe : **qutun**

*cramesit : cramoisi.
Etymologie arabe : **quirmizi** (rouge de kermès)

*cuscuta : cuscute ; du latin médiéval : **cuscuta** ; de l'arabe : **kouchoûth**

*eissauga : filet pour la pêche en mer.
Dérivés :
eissaugueta : petit bateau ;
eissauguièr : pêcheur avec ce filet.
Etymologie arabe : **schabaka**

*eissiròc/siròc : siroco.
Etymologie arabe : **charqî** (vent d'est)

*escaravic : panais.
Etymologie arabe : **karâwiyâ**

*escarchòfa : artichaut.
Etymologie arabe: **karchoûf**

*estragon : estragon.
Etymologie arabe : **tarkhoun**

*fàbia : jarre.

Etymologie arabe : **alfabla**

*farda : habits ; trousseau de mariée ; hardes.
Dérivés :
fardada : paquet de hardes ;
fardalada : gros paquet de hardes ;
fardalha : tas de vieilles hardes ;
fardalhar : secouer ;
fardassejar : farfouiller ;
fardassièr : fripier ;
fardatge : endroit où les ouvriers des champs déposent leurs habits ;
fardau : fille mal mise ;
fardejar : plier ses hardes ;
fardèl : fardeau ;
fardelàs : femme mal mise ;
fardetas : layette d'enfant ;
fardolha (a la) : à la hâte ;
fardolhejar : secouer, houspiller ;
fardual : haillon.
Etymologie arabe : **fard**

*farfant, farfantaire : hâbleur, charlatan, fanfaron.
Dérivés :
farfanta : forfanterie ;
farfantaríá : forfanterie ;
farfantejar : faire le fanfaron ;
farfantejaire : hâbleur ;
farfaneja : officieux, curieux ;
farfanejar : faire le fanfaron ;
Etymologie arabe : **farfâr**

*fondegue : fondique, hospice, magasin.
Etymologie arabe : **fondak**

*fustet : sumac fustet (arbrisseau).
Etymologie arabe : **fustuq**

*galafatar : calfater.

Dérivés :
galafataire : calfat ;
galafatatge : calfatage.
Etymologie arabe : **qalfât**

***galangà** : baudroie (poisson).
Etymologie arabe : **chalang'an**

***galion** : galion.
Etymologie arabe : **xalija**

***ganda** : vagabondage.
Dérivés :
gandalh : rôdeur, fainéant ;
gandalhar : fainéanter ;
gandalhejar : tenir des propos gaillards ;
gandalha : coureuse ;
gandard/gandalh : pêcheur qui traine le filet ;
gandalisa : vagabondage ;
gandon : petit vagabond.
Etymologie arabe : **gandur**

***garauba/garaula** : orobe.
Dérivés :
garaubatge : légumes secs ;
garaubièr : champs d'orobes ou de fèves.
Etymologie arabe : **kharroûba**

***garbin**: garbin, vent du sud-ouest.
Dérivé :
garbinada : coup de garbin.
Etymologie arabe : **garbi** (de l'ouest).

***garrafa** : carafe.
Dérivés :
garrafada : contenu d'une carafe ;
garrafon : carafon.
Etymologie arabe : **gharrâf** (pot à boire).

*garrofa : vesce.
Dérivés :
garrofal : champ de vesces ;
garrofets : vesces.
Etymologie arabe : **kharroûba**

*gaselh : soc, coutre de charrue.
Etymologie arabe : **gazel**

*gensemin/gensemil : jasmin.
Etymologie arabe : **yasimîn**

*gileta : gilet.
Etymologie arabe (d'Algérie) : **jaleco**

*ginet : genet : cheval entier d'Espagne.
Etymologie arabe : **zenâta**

*gipa : jupe.
Dérivé :
gipon : pourpoint, jupe.
Etymologie arabe : **djoubba** (long vêtement de laine)

*irange/orange : orange.
Dérivés :
iranjada : orangeade ;
iranjarià : orangeraie ;
iranjat - ada : orangé ;
iranjat : confiture d'orange ;
iranget : petite orange ;
irangièr : oranger ;
iranjon : petite orange ;
Etymologie arabe : **narandj**

*janeta : genette.
Etymologie arabe : **djarnait**

*jarra : jarre.
Dérivé :

jarlon : petite jarre.
Etymologie arabe : **djarra**

*jopas : jupe.
Etymologie arabe : **djoubba**

*jupa : jupe.
Dérivé :
jupon : jupon.
Etymologie arabe : **djoubba**

*labech : vent du sud-ouest.
Dérivé :
labechada : coup de vent du sud-ouest
Etymologie arabe : **lebek** (vent du sud-ouest)

*laüt : luth.
Dérivés :
laütaire : joueur de luth ;
laütier : luthier.
Etymologie arabe : **al'-oûd**

*madraga : madrague.
Dérivé :
madraguièr : pêcheur à la madrague
Etymologie arabe : **al+mazraba**

*magasin : magasin.
Dérivés :
magasinatge : magasinage ;
magasinièr : boutiquier.
Etymologie arabe : **al+maghzen**

*marfega : toile de paillasse.
Etymologie arabe : **marfaka**

*marran : Maure converti au christianisme.
Dérivés :
marranar : travailler avec vigueur ;

marrane : ardent au travail.
Etymologie arabe : **moharrama** (chose défendue)

*marrega/manrega : grand manteau de laine ou de cuir.
Etymologie arabe : **marfaka**

*massapan : sorte de gâteau.
Etymologie arabe : **mauthaban**

*matalàs : matelas.
Dérivés :
matalassar : action de faire un matelas ;
matalassaire : matelassier ;
matalassièra : coussin pour matelasser.
Etymologie arabe : **matrah**

*merinjana : aubergine.
Etymologie arabe : **bâdindjân**

*mesquin, -a : mesquin, pauvre.
Dérivés :
mesquinament : avec mesquinerie ;
mesquinariá : mesquinerie ;
mesquinejar : vivre mesquinement ;
mesquinetat : qui révèle la mesquinerie ;
mesquinatge : parcimonie.
Etymologie arabe : **miskîn**

*mortaisa : mortaise.
Dérivé :
mortaisar : faire des mortaises.
Etymologie arabe : **murtazza (?)**

*nacre : nacre.
Dérivés :
nacrat/nacarat : nacré.
Etymologie arabe : **naqqâra**

nafa : eau de fleur d'oranger.
Etymologie arabe : **nafâh** (odeur)

naisar : ramer.
Etymologie arabe : **naz** (marais)

nuca : nuque.
Etymologie arabe : **noukhâ** (moelle épinière)

papagai : perroquet.
Etymologie arabe : **babaghâ**

pastèca : pastèque.
Dérivés :
pastequièr : planteur de pastèques ;
pastequièra : champ de pastèques.
Etymologie arabe : **al-bâttikhâ**

patac : ancienne monnaie de deux deniers ; valeur infime.
Etymologie arabe : **bâtaka**

quimia : chimie.
Dérivés :
quimic, -a : chimique ;
quimista : chimiste.
Etymologie arabe : **al kîmiyâ**, d'origine grecque.

quintal : quintal.
Dérivés :
quintalec : qui pèse un quintal ;
quintalièr : celui qui ramasse les feuilles de murier au quintal.
Etymologie arabe : **qintâr**

quitran/alquitran : goudron.
Dérivé :
quitranar : goudronner.
Etymologie arabe : **al+qatiran**

*ranc : roche escarpée, écueil.
Dérivés :
rancareda : chaine de rochers ;
rancàs : gros rocher ;
rancós : rocheux ;
ranquilhada : roche ;
ranquet : coteau.
Etymologie arabe : rakka

*raqueta : raquette.
Etymologie arabe : râhat (paume de la main)

*realgar : réalgar (sulfure rouge d'arsenic)
Etymologie arabe : ra'-adj al-ghâr

*rebèc : ancien violon à trois cordes.
Dérivé : rebequet
Etymologie arabe : rabâb × bèc (« bec »). (ancien occitan : rebeb)

*sagaia : zagaie.
Etymologie arabe : azzaghâya

*salicòr ~ salicòrn : salicorne.
Etymologie arabe (probable) : salcoran

*sarron : gibecière.
Etymologie arabe : çorrah

*satin, satinet, satineta : étoffe de coton à laquelle on donne le brillant du satin.
Dérivé :
satinós : de la nature du satin
Etymologie arabe : zaitouni

*seba : assez, cela suffit (interjection).
Etymologie arabe : scibou (laisse aller)

*sendal : étoffe de soie.

Etymologie arabe : **sindon**

sucre : sucre.
Dérivés :
sucrar : sucrer ;
sucrariá : sucrerie ;
sucrièr : sucrier.
Etymologie arabe : **sukkar**

sumac : sumac.
Etymologie arabe : **summâq**

tabor ~ taborn : nigaud, balourd ; tambour.
Dérivés :
taborar : tambouriner, cogner ;
taborada : volée de coups ;
taboratge : acte de tambouriner ;
taboreta : cymbale ;
taborin : tambourin ;
taborna : nigaude ;
tabornièira : vertige, étourdissement.
Etymologie arabe : **tabûl** et **at-tamboûr**

taça : tasse.
Dérivés :
taçada : contenu d'une tasse ;
taçon : petite tasse ;
taçonat : tassée.
Etymologie arabe : **tâssa**

tambor : gros tambour ; couverture cylindrique des meules.
Dérivés :
tambora : grosse caisse ;
tamboraire, tambornaire : celui qui frappe du tambour ;
tamborin : tambourin ;
tamborinar : jouer du tambour ;
tamborinaire : joueur de tambourin ;

tambornar, tamborar : jouer du tambour ;
tambornet : tambourin (jeu, sport) ;
tambornièr : joueur de tambour ;
tamborinejar : tambouriner.
Etymologie arabe : voir : **tabor**

***tarar** : tarer, peser un récipient avant de le remplir, gâter, corrompre.
Dérivés :
tara : défaut, déchet ;
taradura : partie tarée ;
taraire : vétérinaire qui soigne les porcs ;
tarós : qui a des tares.
Etymologie arabe : **tarha** (déduction)

***taüc** : bière, cercueil.
Etymologie arabe : **tabût**

***trachamand** ~ **trachimand** ~ **tratjaman** : interprète.
Dérivé :
trachamandejar : cancaner, faire des embarras.
Etymologie arabe : **tourdjoumân**

* **trochamand** : entremetteur, brocanteur.
Dérivés :
trochamandar : brocanteur ;
trochamandejar : idem.
Etymologie arabe : **tourdjoumân**

***zèro** : zéro.
de l'arabe : **sifr**

Fin de l'Annexe

Bibliographie

+ **Al Himyari (mort aux environs de 900) :**
Ar-rawdh al mu'tar (Le livre du jardin des parfums), édité par Ihhsan 'Abbas, 1° éd. 1975, 2°éd. 1980, Beyrouth, 846 pages.

+ **Al-Istakhri (mort en 957) :**
Kitab maçalik wal mamalik (Le Livre des Itinéraires et des Royaumes), par Ibn Kordadbeh, 350 pages, texte arabe édité par M.J. De Goeje dans Biblotéca geographorum arabicorum, University microfilms international, 1983, Vol. I.

+ **Al Maqqari at-Tilimçani Ahmad (1578-1632) :**
Nafh al-tib min ghusn al-Andalus al-ratib wa-dhikr waziriha Lisan al-Din ibn al-Khatib (Exhalation de la douce odeur du rameau vert d'Al-Andalus et histoire du vizir Lisan ed din ben al-Khatib). C'est une histoire d'Al-Andalus (première partie) et une biographie d'Ibn al-Khatib (seconde partie), 8 Vol., Beyrouth, 1968.

+ **As-Sayyd Abd-al-Aziz Salim :**
Ta'rikh madinat Almariyya al islamiyya qa'idat 'ouçtul al Andalus (Histoire d'Almería islamique, base de la flotte andalouse), 210 p., Beyrouth, 1969.

+ **At-Tabari (838-923) :**
Ta'rikh al umam wa-l-muluk (Histoire des nations et des rois), Beyrouth, 6 Volumes, Vol. IV.

+ **Auteur inconnu :**
Un texte relatif au Jabal al-Qilal (Fraxinet) :
Il s'agit de « Hudud al 'alam » (Les limites du monde). Ouvrage écrit au 10ème siècle.

+ **Chakib Arslan (1869–1946) :**
Histoire des expéditions arabes en France, en Suisse, en Italie et dans les îles méditerranéennes, Beyrouth, (en arabe), sans date (introduction datée de 1933), 310 pages.

+ **Flodoard de Reims (vers 894-966) :**
Les Annales de Flodoard (de 919 à 966). Flodoard est historien et chroniqueur de l'époque carolingienne.

+ **Galmes de Fuentes Alvaro (1924-2003) :**
Literatura arabe y literatura francesa en la edad media (Littérature arabe et littérature française au Moyen-Age).
Revue : Sharq Al-Andalus, Alicante, n°7 (1990), pp. 37-53.

+ **Ibn al-Athir 'izz-ad-Din abul-Hassan (1160-1233) :**
Al Kamil fi at-ta'rikh (La totalité dans l'histoire), 10 volumes, plus 1 volume index, Beyrouth, 1982.

+ **Ibn al-Qutiyya (mort en 977) :**
Ta'rikh iftitah al-Andalus (Histoire de la conquête d'Al-Andalus), texte arabe édité par Ibrahim Al-Ibyari, 158 p., Beyrouth, 1982.

+ **Ibn Battuta (1304-1377) :**
Voyages arabes, La Pléiade, 1995, 1409 p. Voyages et périples, pp. 368-1050.

+ **Ibn-Hawqal (mort en 988) :**
Kitab Surat-al-Ard (Configuration de la Terre), 432 p., Beyrouth, sans date.

+ **Ibn Hayyān, Abū Marwān Ḥayyān ibn Khalaf (988-1076) :**
Al-Muqtabis min anbā' ahl al-Andalus (Histoire d'Al-Andalus), 9 volumes.
-Le vol V concerne Abd-ar-Rahman An-Nacir. Texte arabe édité par P. Chalmeta, F. Corriente et M. Subh, 579 pages, Madrid-Rabat, 1979.
-Al-Muqtabis (partie concernant le khalife Al-Hakam-II), texte arabe édité par Ali Al Hajji, Beyrouth, 1983, 327 p.

+ **Ibn Idhari (mort en 1295)** :
Al bayan al mughrib fi akhbar muluk Al-Andalus wal Mughrib (Histoire des dirigeants d'Al-Andalus et du Maghreb), 4 Vol., Beyrouth, 1983.

+ **Ibn Khaldoun Abd-ar-Rahhman (1332-1406)** :
Kitab al 'ibar..., (Le Livre des exemples ou Livre des considérations sur l'histoire des Arabes, des Persans et des Berbères, 1375-1379), 14 volumes, Beyrouth, Dar al Kitab al-Lubnani,1981.

+ **Lacam Jean** :
Les Sarrasins dans le Haut moyen âge français, Paris, 1965, 217 pages.

+ **Liçan ad-Din al-Khatib (1313-1374)** :
A'mal al a'lam (Les œuvres de drapeaux dans la pré-prière des rois de l'islam), Beyrouth, 1956, 370 pages. Liçan ad-Din al-Khatib s'est penché, en particulier sur l'histoire des rois de la dynastie nasride de Grenade (Al-Andalus).

+ **Liutprand de Crémone (920-972)** :
L'Antapodosis (écrit entre 956 et 958).

+ **Mahhy ad-Din Ibn 'Arabi (Murcie 1165—-Damas 1240)** :
Kitab muhadharat al-abrar wa muçamarat al akhyar fil adabiyyat wa nawadir al akhbar, (Livre des justes et conférence de nouvelles littéraires), Beyrouth, sans date, 2 tomes.

+ **Michel Francisque (1809-1887)** :
Histoire des races maudites de la France et de l'Espagne, 2 volumes, 1847.

+ **Nantet Bernard (né en 1938)** :
Histoires..., édition Londreys, Paris, 1988.

+ **Un moine de la Novalaise :**
La Chronique de la Novalaise (composée de 1025 à 1050)

+ **Pirenne Henri (1862-1935) :**
De Mahomet à Charlemagne, 1937, 258 pages.

+ **Poupardin René (1874-1927) :**
Le royaume de Provence sous les Carolingiens (855-933), Paris, 1901, 472 pages.

+ **Poupardin René :**
Monuments de l'histoire des abbayes de St Philibert, 1905.

+ **Poupardin René :**
Le royaume de Bourgogne (888-1038), Paris, 1907, 510 pages.

+ **Reinaud Joseph (1795-1867) :**
Invasion des Sarrasins en France et de France en Savoie, au Piémont et en Suisse, pendant les 8ème, 9ème et 10ème siècles, d'après les auteurs chrétiens et mahométans, Paris, 1886, 324 pages.

+ **Rouche Michel (né en 1934) :**
Des Wisigoths aux Arabes, l'Aquitaine 418-781, naissance d'une région, Paris, 1979, 777 pages.

+ **Roy Jean-Henri (1921-2012) et Deviosse Jean (1922-1994) :**
La bataille de Poitiers, Paris 1981 (1ère éd. 1966), 350 pages.

+ **Sandoz J. Pierre (né en 1952) :**
Les Sarrasins à travers les Alpes : fouilles et glanes dans l'histoire musulmane, (traduit de l'allemand), Stäfa, 1993, 96 pages.

+ **Sénac Philippe (né en 1952) :**
-Provence et piraterie sarrasine, 97 pages, Paris (Maisonneuve et Larose), 1982.
- Musulmans et Sarrasins dans le sud de La Gaule (8ème– 11ème siècle), 146 pages, Paris (Le Sycomore), 1980.

+ **Simonet Francisco (1829-1897) :**
Historia de los Mozarabes de España, 976 p., Amsterdam, 1967.

Fin de la Bibliographie

Table des cartes et des illustrations

+ Vase arabe en terre cuite à décor en relief (8ème siècle) trouvé à Narbonne (p.16)

+ La France : noms de villes et de régions (p.22)

+ Les incursions en France (1ère moitié du 8ème S.) (p.25)

+ Les villes tenues par les Arabes (première moitié du VIII siècle) (p.34)

+ Cruche en terre cuite jaune trouvée dans une tombe à Sigean près de Narbonne (p.43)

+ Le Vivarais (entre les vallées de l'Ardèche et du Rhône) (p.47)

+ Cruche en terre cuite jaune trouvée près de Carcassonne (p.53)

+ Plan de la mosquée de Narbonne (p.56)

+ Chapiteau (Eglise de l'Ecluse, Roussillon) (p.59)

+ Inscription arabe (Eglise de l'Ecluse, Roussillon) (p.60)

+ Eglise de St Martin-des-Puits (Corbières) (p.60)

+ L'actuel golfe de St-Tropez, appelé autrefois golfe de Grimaud (p.66)

+ Le site de la Garde-Freinet (p.72)

+ Incursions arabes depuis le Fraxinet (p.73)

+ Quelques lieux en Provence, Suisse et Italie (p.80) (Remarquer le Massif des Maures (Fraxinet) et le Lac Léman)

+ Crozant (Creuse) (p.86)

+ Grenade en terre cuite (trouvée à Hyères près de Toulon) et Pointe de javeline (trouvée à La Londe dans le Var) (p.90)

+ Quelques lieux cités dans le texte (p.100)

+ Hache bipenne (Le Beausset, dpt du Var, Provence (p.107)

+ Fête de la châtaigne (p.112)

Fin de la Table des cartes et des illustrations

Table des noms propres

+ Abd-ar-Rahman-I, Emir omeyyade d'Al-Andalus : (p.7, 20, 21, 38, 39)

+ Abd-ar-Rahman-II, Emir omeyyade d'Al-Andalus : (p.14, 21, 79, 92)

+ Abd-ar-Rahman-III, Khalife omeyyade d'Al-Andalus : (p.14, 21, 75, 90, 93)

+ Abd-ar-Rahman al-Ghafiqi, Emir d'Al-Andalus : (p.20, 31, 32)

+ Agila-II (l'un des derniers rois wisigoths d'Hispanie et de Septimanie) : (p.27)

+ Al-Hakam-I, Emir d'Al-Andalus : (p.21, 42, 79)

+ Al-Hakam-II, Emir omeyyade d'Al-Andalus : (p.21, 92, 97, 136)

+ Al-Horr, Emir d'Al-Andalus (p.6, 19, 27, 28)

+ Al Mansour, khalife abbasside : (p.7, 38, 39)

+ Anbaça, Emir d'Al-Andalus : (p.6, 20, 29, 30, 32, 44, 46)

+ As-Samah, Emir d'Al-Andalus : (p.20, 28, 29, 30, 32, 46, 58)

+ Carolingiens (p.14, 23, 39, 40)

+ Charles-I (futur Charlemagne) : (p.15, 33, 35, 38, 39, 40, 41, 42, 52)

+ Charles-II (Le Chauve), roi des Francs (p.101)

+ Charles Martel, Homme d'Etat et Chef militaire franc : (p.15, 23, 31, 32, 33, 36, 37, 39, 49, 50, 51, 58, 78, 105)

+ Constantin-VII, empereur byzantin : (p.88)
+ Emirat omeyyade (p.19, 20, 38)
+ Eudes, Duc d'Aquitaine : (p.23, 28, 32, 33)
+ Gibelin de Grimaldi (auteur d'exploits contre les Arabes) : (p.67, 96)
+ Guido, marquis de Toscane : (p.92)
+ Guillaume 1er, comte de Provence : (p.95)
+ Haroun ar-Rachid, khalife abbasside : (p.7, 39, 40)
+ Hicham-I, Emir omeyyade d'Al-Andalus : (p.21, 51, 57)
+ Hugues, comte de Provence : (p.82, 88, 89, 91, 92)
+ Ibn-Hawqal (historien) : (p.68, 69, 75)
+ Isarn, prélat : (p.98)
+ Isidore de Beja (évêque) : (p.44)
+ Khalifat omeyyade : (p.19, 21, 88)
+ Louis-le-Pieux, roi d'Aquitaine (fils de Charlemagne) : (p.52)
+ Liutprand (évêque de Crémone) : (p.67, 69, 70, 71, 75, 94, 95)
+ Mauronte, Duc de Marseille : (p.35, 36, 77, 78)
+ Mots occitans : (p.4, 55, 117)
+ Mouça Ibn Noussayr, Emir d'Al-Andalus : (p.6, 18, 19, 26, 27)
+ Munuza, Gouverneur du nord d'Al-Andalus : (p.31)

+ Nasr-ibn-Ahmad, gouverneur du Fraxinet : (p.91)

+ Oqba, Emir d'Al-Andalus : (p.20, 36, 37, 45, 58)

+ Otton-I, Empereur de Germanie : (p.85, 87, 90, 92, 93, 94, 95)

+ Pépin le Bref, roi des Francs : (p.7, 15, 37, 38, 39, 42, 51)

+ Recemundo d'Elvire, évêque de Cordoue : (p.75, 94, 95)

+ Riculfe, gouverneur de la région de Nîmes : (p.36)

+ Roubaud, frère du comte de Provence : (p.96)

+ St Porcaire (du couvent de l'île de Lérins) : (p.28)

+ Sulayman ibn Yaqdhan, Gouverneur de Barcelone et de Gérone : (p.39, 40)

+ Suñer, comte de Barcelone : (p.91)

+ Tarif Ibn Malik, Chef d'armée : (p.6, 18)

+ Tariq Ibn Ziad, Chef d'armée : (p.6, 18, 19)

+ Zama (surnom de l'Emir d'Al-Andalus, As-Samah) (p.29)

Fin de la Table des noms

Table des noms de lieux

+ Allemagne (p.23, 89, 94)

+ Alméria (p.76, 93)

+ Alpes (Les) (p.13, 29, 42, 74, 75, 78, 81, 82, 84, 87, 89)

+ Antibes (p.9, 27)

+ Aquitaine (p.28, 29, 31, 32, 35, 45, 77)

+ Ardèche (L') (37, 48, 50, 54, 61, 63, 78)

+ Arles (p.8, 36, 45, 67, 81)

+ Avignon (p.36, 78, 61)

+ Baghdad (p.7, 19, 21)

+ Bâle (p.84)

+ Barcelone (p.18, 29, 39, 40, 91)

+ Bordeaux (p.25, 31, 32)

+ Bourgogne (p.23)

+ Bormes-les-Mimosas (p.114)

+ Camargue (La) (p.113)

+ Carcassonne (p.19, 29, 44)

+ Cordoue (p.9, 19, 20, 21, 23, 75, 91, 94, 95)

+ Cologne (p.94)

+ Damas (p.7, 19, 92)

+ Dauphiné (p.42, 67, 81, 83, 96, 98)

+ Draguignan (p.96)

+ Egypte (p.115)

+ France (p.23, 26, 27, 35, 38, 42, 44, 48, 54, 58, 79, 82)

+ Fraxinet (Massif des Maures, Jabal-al-Qilal) : (p.67, 68, 69, 70, 75, 76, 87, 95, 96, 97, 103)
+ Fréjus (p.8, 74, 88, 98)
+ Gascogne (p.87)
+ Genève (p.8, 84)
+ Gênes (p.8, 89)
+ Grenoble (p.89, 98)
+ Grand St-Bernard (Le) (p.82)
+ Grimaud (p.68, 70, 74, 88, 96, 104)
+ Italie (p.8, 28, 54, 81, 82, 83, 94)
+ La Garde-Freinet (p.71, 110)
+ Languedoc (p.23, 24, 32, 35, 45, 46, 76, 87)
+ La Via Mala (p.85)
+ Léman (Lac) (p.83)
+ Ligurie (p.8, 97)
+ Lombardie (p.78, 81)
+ Lyon (p.25, 29, 30, 49, 77)
+ Marseille (p.8, 35, 74, 79, 97)
+ Maurienne (La) (p.81)
+ Méditerranée (p.13, 77)
+ Mont Cenis (p.8)
+ Montpellier (p.49)
+ Narbonne (p.7, 19, 25, 26, 27, 28, 29, 32, 35, 37, 38, 42, 46, 48, 64, 77, 102, 105)
+ Nice (p.7, 9, 42, 79, 89, 96, 98)
+ Nîmes (p.6, 19, 23, 25, 26, 29, 36)

+ Notre-Dame-de-Miramar (p.70)

+ Novalaise (p.70, 81)

+ Péninsule Ibérique (p.11, 13, 18, 21)

+ Pampelune (p.31, 41)

+ Pampelonne (p.104)

+ Perpignan (p.58, 59)

+ Piémont (p.8, 42, 55, 74)

+ Pise (p.97)

+ Poitiers (p.20, 26, 30, 32, 33, 35, 48, 49)

+ Provence (p.4, 24, 35, 36, 42, 67, 70, 74, 75, 76, 77, 81, 89, 91, 92, 95, 97, 98, 101, 102, 108, 114)

+ Rhône (Le) (p.29, 54, 61,74)

+ Roland (p.41, 42)

+ Rome (p.15, 82, 92)

+ Roncevaux (p.31, 35, 38, 41)

+ Saragosse (p.8, 20, 40, 41)

+ Savoie (p.9)

+ St-Tropez (p.67, 98, 111, 113, 114)

+ Ste-Maxime (p.88)

+ Suisse (p.9, 81, 82, 83, 84, 85)

+ Tarentaise (La) (p.81)

+ Toulon (p.8, 78, 99)

+Toulouse (p.27, 28, 29, 51)

+ Tours (p.30, 31, 32, 87)

+ Var (p.76, 90, 101, 102, 105, 108, 115, 116)

+ Valais (Suisse) (p. 82, 83, 84)

+ Vallée d'Aoste (p.83)
+ Vivarais (p.3, 37, 47, 54, 61)

Fin de la Table des noms de lieux

Fin de l'étude